LES

TROIS GUYANES

FRANÇAISE HOLLANDAISE ET ANGLAISE

(ÉTUDE COMPARATIVE)

Par L.-Fernand VIALA

ANCIEN ÉLÈVE DES ÉCOLES POLYTECHNIQUE ET DES MINES.

MONTPELLIER

TYPOGRAPHIE ET LITHOGRAPHIE CHARLES BOEHM

Imprimeur de la Société Languedocienne de Géographie

1887.

LES TROIS GUYANES

FRANÇAISE, HOLLANDAISE ET ANGLAISE

(ÉTUDE COMPARATIVE)

Extrait du Bulletin de la *Société Languedocienne de Géographie.*

(Tom. X, 1887.)

LES

TROIS GUYANES

FRANÇAISE
HOLLANDAISE ET ANGLAISE

(ÉTUDE COMPARATIVE)

Par L.-FERNAND VIALA

ANCIEN ÉLÈVE DES ÉCOLES POLYTECHNIQUE ET DES MINES.

MONTPELLIER
TYPOGRAPHIE ET LITHOGRAPHIE CHARLES BOEHM
Imprimeur de la SOCIÉTÉ LANGUEDOCIENNE DE GÉOGRAPHIE

1887.

LES TROIS GUYANES

FRANÇAISE, HOLLANDAISE ET ANGLAISE

(ÉTUDE COMPARATIVE)

PRÉLIMINAIRES.

Nous avons déjà eu occasion de parler, dans ce *Bulletin*[1], de la Guyane française, une de nos plus anciennes colonies, mais qui n'est pas encore pour cela une des plus prospères. Nous avons examiné en particulier les difficultés principales qui s'opposent à ce que cette colonie tire parti de sa double richesse, richesse agricole dans le sol, richesse minière dans le sous-sol ; et nous avons fait voir que si, d'une part, la main-d'œuvre peut devenir abondante par une immigration convenable, d'autre part les voies de communication doivent être complètement modifiées. L'irrégularité des saisons, observée notamment dans ces dernières années, ne permet pas de compter sur les voies navigables, qui sont cependant très nombreuses en Guyane pendant la saison des pluies.

La Guyane française fait partie d'un groupe de colonies appartenant à trois puissances différentes et qui présentent entre

[1] Voir tom. VII (3e trimestre, pag. 352) les *Considérations économiques sur la Guyane française* ; et tom. VIII (3e trimestre, pag. 309) les *Conséquences économiques d'un phénomène climatologique en Guyane française.*

elles, au point de vue physique, les plus grandes analogies. Ce sont, de l'Est à l'Ouest, les Guyanes française, hollandaise et anglaise, dont l'ensemble est limité d'une manière générale : au Nord, par l'océan Atlantique ; à l'Est et au Sud, par l'empire du Brésil ; à l'Ouest, par la République du Venezuela.

La limite Est de la partie française avec le Brésil n'est guère mieux définie que la limite Ouest de la partie anglaise avec le Venezuela : de là résultent deux terrains contestés, auquel vient s'ajouter aujourd'hui un troisième terrain neutre, également contesté entre les deux Guyanes française et hollandaise.

Quant à la province du Venezuela qui porte le nom de Guyane venezuelienne, nous ne pouvons guère l'assimiler aux trois colonies que nous venons de nommer, en raison des différences notables qu'elle présente tant au point de vue orographique qu'au point de vue géologique.

Elle est en effet constituée en grande partie par les terres basses de la rive droite et de l'embouchure d'un des plus grands fleuves de l'Amérique du Sud, l'Orénoque, tandis que les Guyanes anglaise, hollandaise et française ne sont arrosées que par des fleuves de moindre importance et présentent un système orographique et hydrographique beaucoup plus compliqué. Les formations géologiques sont aussi beaucoup plus variées sur les trois colonies que dans la Guyane venezuelienne, et le sol de cette dernière, à l'inverse du sol des autres Guyanes, semble avoir été soumis à l'influence de puissants phénomènes diluviens, peut-être même à des courants glaciaires.

Mais si les conditions physiques et même géologiques des trois Guyanes française, hollandaise et anglaise sont très rapprochées, il n'en est pas de même des conditions dans lesquelles la richesse foncière est exploitée sur ces trois colonies : tandis que la Guyane hollandaise et surtout la Guyane anglaise jouissent d'une prospérité qui va croissant de jour en jour, notre colonie voit au contraire sa population diminuer et laisse improductives des étendues considérables de terrain qui cependant ont déjà été travaillées en partie et ont au moins fourni l'occasion, à diverses époques et sous diverses administrations, de juger de leur étonnante fertilité.

Nous nous proposons aujourd'hui d'étudier les causes de cette différence essentielle qui se manifeste entre la colonie française et ses deux voisines. Pour cela, tout en disant quelques mots de la Guyane hollandaise, nous nous attacherons à comparer la Guyane française et la Guyane anglaise : en premier lieu, en effet, bien que les trois Guyanes semblent appartenir à la même formation géologique ou du moins au même soulèvement général, les colonies française et anglaise sont plus éloignées l'une de l'autre et par suite dans une plus grande indépendance réciproque ; en second lieu, et c'est ce qui motive le plus notre détermination, les divergences que nous aurions à constater entre les Guyanes française et hollandaise, tant au point de vue de l'industrie minière que de l'exploitation agricole, sont beaucoup plus caractérisées entre les Guyanes française et anglaise.

Avant d'entrer dans cette étude comparative, nous esquisserons à grands traits l'histoire générale des Guyanes, et nous dirons quelques mots des compétitions de territoire qui se sont élevées entre la France et le Brésil d'une part, d'autre part entre l'Angleterre et le Venezuela, ainsi que de la récente contestation entre les Guyanes française et hollandaise.

Nous comparerons ensuite les trois colonies au triple point de vue physique, commercial et industriel, et, comme conclusion, nous ferons ressortir la possibilité, pour la colonie française, d'imiter ses voisines, peut-être même de les surpasser en production agricole, et dans tous les cas de jouer, avec nos autres colonies des Antilles et dans un avenir qui ne saurait être éloigné, un rôle très important parmi les États de l'Amérique centrale.

CHAPITRE PREMIER.

HISTOIRE DES GUYANES.

La découverte des Guyanes remonte à 1498; mais Christophe Colomb ne fit que toucher terre près de l'embouchure de l'Orénoque, et ce n'est que deux ans plus tard que Vincent-J. Pinson longea la côte depuis les Amazones jusqu'à l'Orénoque. Pendant tout le XVIe siècle, la légende de l'*El Dorado*, l'homme doré qui habitait une ville d'or près d'un lac d'argent, attira de ce côté beaucoup de navigateurs, dont quelques-uns seulement, pénétrant dans l'intérieur des terres, en rapportèrent quelques pépites d'or.

Parmi ces navigateurs, les Anglais et les Hollandais furent ceux qui se signalèrent le plus, et c'est au concours de leurs deux nations qu'est attribuée la fondation, en 1570, de la ville de *Saint-Thomas de Guyane*, située à environ 50 kilom. de l'embouchure de l'Orénoque. Dix ans plus tard, en 1580, la Hollande créa en Guyane plusieurs établissements, notamment celui de la *Nouvelle-Zélande*, et institua une administration présidée par un général qui accorda des concessions commerciales le long de la côte et sur les rivières.

Pendant que la Hollande s'occupait ainsi d'une manière intelligente, les Espagnols, que n'avait pas découragés la perte de quelques-uns des leurs dans une précédente expédition, résolurent, en 1582, d'entreprendre de nouveau la recherche de l'*El Dorado*; mais cette deuxième tentative n'eut pas plus de succès que la première. Onze ans plus tard, en 1593, Domingo de Vera, à la tête d'une troisième expédition espagnole, ne réussit pas davantage à trouver les mines du précieux métal, et se rejeta sur la colonisation.

Ce hardi navigateur voulut en effet prendre possession de la côte au nom du roi Philippe II, treize ans après que la Hollande avait déjà occupé le même territoire et créé des comptoirs commerciaux sous le contrôle d'une administration gouvernementale. Cette occupation militaire de Domingo de Vera ne fut pas d'ailleurs de longue durée, car, avant la fin du XVIe siècle, tous les Espagnols avaient fui de la « *côte sauvage* » de Guyane, à l'exception de quelques colons téméraires qui furent assassinés par les Indiens.

C'est à peu près à la même époque que sir Walter Raleigh entreprit par deux fois en 1594 et 1596, mais toujours sans succès, de remonter l'Orénoque pour pénétrer jusqu'à l'*El Dorado*; d'autres navigateurs ne furent pas plus heureux par la Mana, ni par l'Oyapock. Un de ces voyageurs, Français, rencontra un de ses compatriotes qui avait été prisonnier des Indiens sur la rivière Kourou. Les Français devaient être attirés du Brésil dans la Guyane par l'amour de la recherche du bois rouge ou d'autres essences, mais ils ne paraissent pas avoir réussi à s'installer à l'est de ce territoire aussi vite que les Hollandais du côté de l'ouest. Ceux-ci en effet, triomphant par leur persévérance des difficultés devant lesquelles avaient succombé les Espagnols, arrivèrent à créer, dès 1599, des établissements dans l'intérieur, au confluent des deux rivières tributaires de l'Essequibo, le Cuyuni et le Mazaruni.

Les premières expéditions du XVIIe siècle, à la recherche de l'*El Dorado*, sans être plus heureuses que celles du siècle précédent, eurent au moins pour résultat de faire connaître un peu mieux la côte guyanaise. La même année 1604 vit se former deux expéditions : l'une anglaise, dirigée par Ch. Leigh et Saint-John, et dont les navires furent dispersés par une violente tempête ; l'autre française, ayant à sa tête de La Ravardière, envoyé par Henri IV. Cette première expédition française échoua comme toutes celles des autres nations dans la recherche de l'*El Dorado*, mais les renseignements sur la Guyane qui en résultèrent furent le véritable point de départ de la colonisation française sur le continent de l'Amérique du Sud.

En 1606 et 1608, les Anglais renouvelèrent en vain leurs tentatives, et Walter Raleigh entreprit même en 1616 une troisième expédition dont l'insuccès lui valut à son retour la peine de mort par ordre du roi Jacques Ier. Cependant la colonie hollandaise de la *Nouvelle-Zélande* progressait toujours, et en 1613 son commandant militaire établissait un fort au confluent du Cuyuni et du Mazaruni. L'année suivante, un décret du gouverneur de la colonie accordait des concessions à quelques particuliers qui devaient remonter les rivières et explorer les contrées de l'intérieur ou confinant au territoire colonial. Enfin en 1622 fut créée la Compagnie hollandaise des Indes occidentales, qui obtint par charte gouvernementale la concession du contrôle exclusif sur tous les établissements possédés ou réclamés par la Hollande, ainsi que du commerce hollandais avec ces établissements.

Peut-être ces progrès de la Hollande contribuèrent-ils, avec les résultats du voyage de de La Ravardière, à donner l'impulsion au mouvement colonial français. C'est en effet en 1626 que les premiers colons français, partis de Rouen, vinrent s'établir à Sinnamary ; l'émigration continua et se porta aussi dès 1634 sur la côte de Remire, qui fait partie de l'île de Cayenne et où un village et un fort furent alors construits.

Une Compagnie se forma bientôt, avec des privilèges accordés par Richelieu ; mais le premier chef de cette Compagnie, qui prit en 1643 le titre de gouverneur et à qui l'on doit la fondation de Cayenne, le seigneur de Brétigny, n'a laissé en Guyane que le souvenir d'un tyran : il périt du reste massacré par les Indiens, qui ravagèrent sur toute la côte de nombreux établissements. Une deuxième Compagnie française se forma quelques années après, et envoya du Havre, en 1652, une expédition qui échoua dès l'année suivante par suite de discussions entre les chefs, et l'île de Cayenne resta quelques années inhabitée. C'est dans la même année 1652 que fut fondée par les Anglais la colonie de Surinam ou *Paramaribo*.

Dix ans plus tard, en 1662, le roi d'Angleterre Charles II concéda à lord Willoughby, alors gouverneur de la Barbade, la colonie naissante, qui changea le nom indien de la rivière Coma en celui de Surryham, en l'honneur du comte de Surrey ; c'est de là que par corruption est venu *Surinam*.

Pendant que les Anglais jetaient les premiers fondements de la colonie qui devait quelques années plus tard devenir colonie hollandaise par voie d'échange, un juif hollandais, du nom de Spranger, expulsé du Brésil, vint s'installer dans l'île de Cayenne, où il fut suivi par de nombreux coreligionnaires que chassaient aussi les Portugais, et la colonie française commença réellement à prospérer entre les mains de ces étrangers. Mais, de leur côté, les Français n'étaient pas découragés par leurs premiers insuccès.

En 1663, de La Barre obtenait en effet du roi Louis XIV la concession du terrain compris entre les Amazones et l'Orénoque, sous le nom de *France équinoxiale*, et le concours d'une petite flotte destinée à chasser les Hollandais de Cayenne ; ceux-ci, n'étant pas en état de se défendre, capitulèrent et sortirent avec les honneurs de la guerre du fort Cépérou, pour aller s'établir dans la nouvelle colonie anglaise de Surinam. De La Barre allait commencer à tirer parti de la situation prospère créée par les Hollandais, lorsqu'il fut rappelé en France par la nouvelle de la création d'une grande Compagnie des Indes occidentales, destinée à monopoliser tout le commerce des Antilles et de la Guyane : la nouvelle Compagnie, formée sur le modèle de la Compagnie hollandaise, s'empressa, dès son retour, de le nommer son lieutenant-général.

Mais la guerre venait d'éclater, en 1666, entre la Hollande et l'Angleterre, et le roi Louis XIV avait d'abord embrassé le parti de la Hollande. Aussi la flotte anglaise, repoussée dans plusieurs attaques devant les Antilles, se rejeta sur Cayenne, qui, mal défendue par le frère de de La Barre, fut livrée au pillage. Le traité de Bréda, qui réconcilia en 1667 la Hollande et l'Angleterre, mit fin à l'occupation anglaise de Cayenne, et de La Barre put s'occuper de reconstituer notre colonie. C'est à cette même époque que l'Angleterre céda à la Hollande la colonie de Surinam et reçut en échange la Nouvelle-Hollande.

Observons en passant que, depuis l'expédition de Domingo de Vera vers la fin du xvie siècle, les Espagnols n'avaient fait aucun progrès dans la possession de la Guyane, et sur tout le territoire du sud et du sud-ouest de l'Orénoque, même jusqu'à l'époque où le joug espagnol fut secoué et la République instituée dans le Venezuela, on ne trouve aucune trace de forts construits ou de limites permanentes établies par eux. Ils possédèrent à la vérité quelques établissements au voisinage immédiat de l'Orénoque, et les jésuites vinrent coloniser cette région comme tout le reste de l'Amérique du Sud ; mais entre l'Orénoque et les Amazones, c'est-à-dire dans la région où la légende plaçait la *Cité d'or et son lac d'argent*, on n'observe aucune trace de conquête espagnole. En outre, par le traité de Münster, un des traités de Westphalie (1648), Philippe IV avait reconnu l'indépendance de la Hollande, et lui avait confirmé en Guyane la possession du territoire sous le contrôle de la Compagnie hollandaise des Indes occidentales, c'est-à-dire de la Nouvelle-Zélande, avec tous les établissements qui dépendaient de cette grande Compagnie.

Peu de temps après le traité de Bréda, qui avait été suivi d'une triple alliance entre l'Angleterre, la Hollande et la Suède, et de la paix d'Aix-la-Chapelle (1668), le comté de Hanovre fit des propositions à la Compagnie hollandaise des Indes occidentales pour établir une colonie allemande sur la côte sauvage de Guyane, s'engageant à faire demander le consentement préalable de la Compagnie par tous les colons qui voudraient s'établir entre l'Orénoque et les Amazones. Un accord intervint entre les deux parties, qui donnait au Hanovre une concession de terrain de 30 milles de large sur 100 milles de profondeur, mais distante d'au moins 6 milles de tout établissement hollandais. En outre, la colonie allemande devait être vassale de la Compagnie hollandaise, chargée alors par son gouvernement de toute l'administration de la colonie. En 1670, la Hollande songea à bien établir les limites de sa colonie, de plus en plus prospère, et comme les cours d'eau, qui servaient de bornes naturelles, étaient mal déterminés, elle s'attacha avec le plus grand soin à bien définir par des mesurages exacts leur situation géographique.

La paix d'Aix-la-Chapelle n'avait laissé à la France que douze places fortes dans les Pays-Bas : ces concessions ne contentèrent pas Louis XIV, qui gouvernait alors par lui-même. Aussi se tourna-t-il contre la Hollande, qui venait du reste d'entrer dans la triple alliance. Cette déclaration de guerre nous valut, en 1676, une attaque des Hollandais sur l'île de Cayenne ; mais le système colonial venait d'être modifié en France, les Compagnies étaient supprimées, et l'amiral d'Estrées vint à la fin de la même année chasser les Hollandais, qui avaient pris possession de notre colonie. La Guyane française, limitée alors à peu près comme de nos jours, redevint notre propriété et ne fut plus troublée jusqu'à l'époque de la Révolution.

Des concessions furent accordées vers la fin du XVIIe et le commencement du XVIIIe siècle, et les Jésuites fondèrent, entre autres, l'établissement de *Kourou* ; mais la colonie, faute de bras pour l'agriculture, ne put jamais devenir aussi prospère que la Guyane hollandaise.

Dans la première moitié du XVIIIe siècle, nous n'avons à mentionner que le traité d'Utrecht (11 avril 1713), qui donnait au Brésil la navigation sur les Amazones et limitait la Guyane française à la rivière Japock ou Vincent Pinson, que les Portugais confondirent avec l'Oyapock, situé à 3° plus au Nord : de là résulta la question, encore pendante, du territoire contesté entre le Brésil et la France.

Un demi-siècle plus tard, le traité de Paris (1763) nous enlevait le Canada et une partie notable des Indes orientales, que Dupleix, gouverneur général de la Compagnie des Indes, avait acquise sur le continent. Le roi songea alors à contre-balancer l'influence des Anglais au nord de l'Amérique par la création d'une puissante colonie dans l'Amérique centrale. Mais, malgré les avis d'hommes compétents, on renouvela une faute déjà commise, qui consistait à vouloir coloniser la Guyane avec des hommes de race blanche.

Tout le terrain compris entre le Maroni et le Kourou fut concédé à M. de Choiseul, et M. de Turgot fut nommé gouverneur ; mais c'est l'intendant général M. de Chanvalon qui endossa, et peut-être bien injustement, la responsabilité de toute l'entreprise. Les convois de colons européens furent expédiés coup sur coup, sans qu'il fût matériellement possible de les recevoir et de les installer. Les Jésuites de Kourou donnèrent bien le concours de leurs ouvriers noirs pour la première installation ; mais l'entreprise échoua surtout par la mauvaise volonté de l'administration de Cayenne, et, lorsque les émigrants arrivèrent trop nombreux et privés de tout, ils se révoltèrent, refusèrent de travailler et périrent la plupart de misère. Sur 14,000 émigrants débarqués, un millier à peine furent ramenés en France.

Quelques essais de colonisation furent encore tentés, mais sans beaucoup de succès ; nous devons cependant rendre justice à Malouet, qui eut au moins l'idée d'aller étudier l'organisation hollandaise à Surinam, et ramena de sa visite l'ingénieur Guisan ; celui-ci fut le premier qui travailla à l'assainissement de Cayenne.

Lorsque arriva en Guyane la nouvelle que la révolution avait éclaté en France, il y eut plusieurs émeutes partielles dans Cayenne et sur divers points de la colonie. Mais le mouvement devint général lorsqu'on connut le texte de loi décrétant l'affranchissement des esclaves (1794), et dès lors l'agriculture fut sacrifiée.

A la même époque (1796), l'alliance était rompue et la guerre déclarée entre la Hollande et l'Angleterre : le commandant anglais dans les Indes occidentales, ayant reçu quelques ouvertures de la part des habitants de la Guyane, organisa à la Barbade une expédition secrète, et devant les forces anglaises toute la colonie hollandaise ne tarda pas à se rendre. Mais les Anglais ne restèrent pas longtemps tranquilles possesseurs de leur récente acquisition ; car dès l'année suivante les Espagnols attaquèrent un poste d'avant-garde près de la bouche de *Moroco Crique*. Il est vrai qu'ils furent chassés jusqu'au dernier. C'est d'ailleurs la seule guerre qui puisse être mentionnée, relativement à la contestation des limites territoriales entre la Guyane anglaise et les occupants de la contrée aujourd'hui réclamée par le Venezuela.

A la suite de cette invasion sur le continent, les Anglais avaient aussi occupé, en 1799, les îles du Salut, d'où ils menaçaient notre colonie ; l'agent particulier du Directoire à Cayenne déclara aussitôt l'état de siège et arma les gens de couleur. Ceux-ci en profitèrent pour s'insurger, et la Guyane française ne rentra dans l'ordre qu'à l'arrivée de Victor Hugues, envoyé par le Consul après le 18 Brumaire. L'esclavage fut rétabli en 1802, et la colonie redevint un moment ce qu'elle était avant la Révolution.

Le traité d'Amiens, signé le 27 mars 1802 par la France, la Hollande, l'Espagne et l'Angleterre, concéda à cette dernière puissance toutes les colonies qu'elle venait de conquérir et d'occuper, à l'exception de Trinidad et des possessions hollandaises de Ceylan, et relativement à la Guyane anglaise aucunes limites ne furent fixées dans le traité, tandis qu'on rappelait les limites entre les Guyanes française et portugaise. D'autre part, le gouvernement espagnol n'avait, à cette date, ni réclamé ni protesté contre la possession et la colonisation hollandaise sur des terrains compris entre l'Essequibo et l'Orénoque, région où l'on trouve encore, à moins de 100 milles des villes de l'Orénoque, des traces de vieilles chapelles et autres constructions d'origine hollandaise.

Pendant que la Guyane française était troublée à l'intérieur, les Portugais, violant le traité d'Utrecht, avaient déjà fait à plusieurs reprises des incursions sur notre territoire, et en 1802 leur flotte s'avançait même jusqu'au bourg de l'Approuague. La nouvelle du traité d'Amiens les fit reculer, et ils ne parurent plus de quelques années. Mais, en 1809, les Anglais se joignirent aux Portugais pour venir de nouveau nous attaquer et pénétrèrent brusquement dans la rivière Mahury. Victor Hugues, surpris, capitula, mais à la condition de se rendre aux Portugais, qui restèrent cinq ans en possession de notre colonie guyanaise.

Enfin le traité de Paris (1814) rendit Cayenne à la France, et confirma le traité de 1802 en ce qui concernait la cession à l'Angleterre, par les Pays-Bas, des trois comtés de Berbice, Demerara et Essequibo, qui constituent la Guyane anglaise actuelle.

Ce ne fut que trois ans après le traité de Paris que la France envoya à Cayenne comme gouverneur le général de Cara Saint-Cyr. La Guyane française avait alors une population d'environ 16 à 17,000 habitants, dont 15,000 esclaves.

A la suite de l'abolition de la traite des noirs, en 1819, la colonisation par des blancs fut encore essayée cette fois sur la Mana : une trentaine de colons furent envoyés en 1824 aux frais du gouvernement ; mais, après avoir travaillé deux ans à la Nouvelle-Angoulême, ils demandèrent à être rapatriés.

C'est alors que Mme Javouhey, supérieure des Sœurs de Saint-Joseph de Cluny, demanda et obtint quelques subventions pour continuer l'œuvre commencée avec des orphelins auxquels elle adjoignit plus tard des nègres. On peut encore voir, aux environs du bourg de Mana, les travaux de défrichement et de drainage exécutés par Mme Javouhey. Mais l'abolition de l'esclavage en 1848 et la découverte en 1853 de l'or en Guyane enlevèrent à l'agriculture toute la main-d'œuvre, et l'établissement des Sœurs de Saint-Joseph de Cluny à Mana ne conserva que quelques champs de canne à sucre pour sa rhumerie.

Pendant ce temps, les Guyanes hollandaise et anglaise, mieux administrées sans doute et plus favorisées au point de vue de l'immigration, ont vu s'accroître de jour en jour leur prospérité agricole. Il y a cependant déjà quelques années que la Guyane hollandaise s'est livrée à la recherche de l'or, et la Guyane anglaise vient encore de suivre cet exemple donné par notre colonie il y a plus de trente ans.

Si les contestations de territoire, entre le Venezuela et l'Angleterre d'une part, d'autre part entre les Guyanes hollandaise et française, sont soulevées aujourd'hui avec plus d'intensité, c'est à la richesse aurifère des terrains contestés qu'il faut attribuer ces revendications au moins tardives. On vient en effet de découvrir des alluvions extrêmement riches entre l'Awa et le Tapanahoni, qui sont les deux têtes du Maroni, rivière limitrophe entre les colonies hollandaise et française.

C'est aussi la découverte de l'or entre le Cuyuni et le Mazaruni, tributaires de l'Essequibo, qui pousse l'Angleterre à revendiquer le district aurifère voisin du Caratal, qu'elle a cependant laissé exploiter jusqu'à aujourd'hui par le Venezuela, sous le prétexte, plausible il est vrai, que tout le versant de la rive gauche du Cuyuni, y compris le sous-affluent du Yuruari, fait partie du bassin de l'Essequibo. Le puissant intérêt pécuniaire qui s'attache à la possession des deux terrains ci-dessus fait espérer pour ces contestations une solution beaucoup plus prompte que pour la contestation du territoire neutre formé par la délimitation trop peu précise du traité d'Utrecht entre la Guyane française et le Brésil.

Il appartient d'ailleurs à la diplomatie de trancher ces difficultés de limites territoriales, et nous ne pouvons qu'émettre un avis. En ce qui concerne le Haut-Maroni, nous indiquerons notre manière de voir au chapitre suivant, en parlant des limites géographiques des Guyanes. Pour les deux autres terrains, si le texte des traités qui ont fixé les délimitations est susceptible d'être interprété de diverses manières, nous pensons qu'une entente à l'amiable entre les parties intéressées pourrait amener une prompte solution, et qu'il conviendrait, par exemple, d'adopter une limite naturelle, intermédiaire et à peu près médiane, entre les Amazones et l'Oyapock d'une part, d'autre part entre l'Essequibo et l'Orénoque.

CHAPITRE II.

GÉOGRAPHIE ET GÉOLOGIE.

Les trois Guyanes française, hollandaise et anglaise constituent au nord-est du continent méridional américain un large territoire qui portait d'abord le même nom indien Ouyana, et dont les limites naturelles les plus rationnelles seraient les suivantes:

A l'Ouest, au Nord-Ouest et au Nord, tout le cours de l'Orénoque, dirigé d'abord S.-N., puis à peu près W.-E.;

Au Nord, au Nord-Est et à l'Est, l'océan Atlantique, des bouches de l'Orénoque à celles des Amazones;

Au Sud-Est, au Sud et au Sud-Ouest, les cours des Amazones, de son affluent le Rio Negro et du sous-affluent le Rio Casiqui, dont les sources se confondent avec celles d'une des têtes de l'Orénoque.

Mais nous venons de dire qu'en réalité, au point de vue politique, les embouchures et même les bassins proprement dits de l'Orénoque et des Amazones n'appartiennent pas aux trois Guyanes que nous étudions : les limites adoptées dans l'intérieur sont des chaînes de montagnes assez mal définies.

L'ensemble de toute la contrée est compris entre 8°,40′ Nord et 3°,30′ Sud de latitude, et entre le 52ᵉ et le 70ᵉ degré de longitude Ouest du méridien de Paris. Mais la partie à la fois explorée et appartenant sans contestation aux trois puissances européennes ne s'étend que du 53ᵉ au 63ᵉ degré de longitude Ouest de Paris, et de 1° environ à 8° de latitude Nord.

La Guyane hollandaise, enclavée entre les deux autres, est séparée de la Guyane anglaise par le fleuve Corentyn, et de la Guyane française par le Maroni, au moins jusqu'au confluent des deux branches l'Awa et le Tapanahoni. C'est à ce confluent que commence le terrain contesté, et il nous semble rationnel d'admettre que la limite devrait être fixée à celle des deux branches qui par son importance peut être considérée comme la mère de l'autre. Pour résoudre cette question, il ne suffirait pas de mesurer et comparer à la même époque les débits respectifs des deux branches. Nous aurons en effet occasion de dire combien les rivières des Guyanes sont torrentielles ; en outre, l'intensité des pluies est très variable à une même époque sur des points très rapprochés. Il conviendrait donc de répéter la double opération de jaugeage à diverses époques de l'année, et de comparer les moyennes respectives des résultats obtenus sur l'Awa et le Tapanahoni. Une prompte entente à ce sujet entre les gouvernements français et hollandais donnerait satisfaction à beaucoup d'intérêts particuliers.

Bien qu'il n'existe pas entre les deux grands fleuves des Amazones et de l'Orénoque de chaîne de montagnes comparable à la Cordillère des Andes, qui forme l'ossature de la côte occidentale de l'Amérique du Sud, on y trouve cependant, à 300 kilom. environ de la mer, des sommets assez élevés, tels que le mont Roraima, à l'ouest de la Guyane anglaise, auquel on attribue une hauteur de 2,400 mèt. On peut en conclure que la chaîne de séparation entre ces deux bassins est relativement très importante.

Les fleuves intermédiaires qui arrosent les trois Guyanes prennent pour la plupart leur source sur les montagnes dites de *Tumuc-Humac,* dirigées sensiblement Est-Ouest, qui envoient du côté de la mer de nombreux contreforts entre les bassins de ces mêmes fleuves. Cette chaîne de *Tumuc-Humac,* qui fait partie de la grande chaîne de partage, est parallèle, dans sa partie orientale, au cours moyen du fleuve des Amazones, qui descend de la Cordillère du Pérou avec une direction sensiblement uniforme. La même chaîne se relie par un contrefort Nord-Sud à la chaîne de *Pacaraima*, qui s'étend vers l'Ouest et est aussi parallèle au cours moyen de la partie inférieure de l'Orénoque. Cette chaîne occidentale, qui comprend le mont *Roraima*, peut donc être considérée comme faisant partie de la chaîne de partage entre les deux grands fleuves ; elle vient en outre se briser contre la partie supérieure Sud-Nord de l'Orénoque, aux environs des sources communes avec celles du Rio Casiqui. De même la partie orientale, ou le *Tumuc-Humac*, est interceptée par le Rio Branco, affluent du Rio Negro et sous-affluent des Amazones, et dont quelques branches prennent leur source au pied du mont Roraima.

La double chaîne du Tumuc-Humac et du Pacaraima est la seule limite naturelle, d'ailleurs fort mal définie, entre les trois colonies guyanaises et le Venezuela d'une part, et d'autre part l'empire du Brésil. La rive gauche des Amazones, ou versant méridional de la chaîne de partage, constitue la Guyane brésilienne, tandis que le versant septentrional comprend la rive droite de l'Orénoque (Guyane haute ou Guyane venezuelienne) et l'ensemble des bassins des fleuves intermédiaires.

A défaut de conventions antérieures bien déterminées, ne pourrait-on adopter, pour achever la délimitation des trois Guyanes : d'une part, entre le Venezuela et la Guyane française, le contrefort qui sépare l'Orénoque des affluents de l'Essequibo, le fleuve le plus important au sud de l'Orénoque ; d'autre part, entre le Brésil et la Guyane française, le prolongement du Tumuc-Humac vers la mer, ou mieux l'un des premiers cours d'eau qui se jettent au nord des Amazones, à la hauteur du cap *Santa-Rosa ?*

La solution de la frontière venezuelienne ne s'impose pas moins que celle de la contestation du Haut-Maroni, à cause de la richesse aurifère du Caratal, arrosé par le Yuruari, sous-affluent de l'Essequibo. Mais on doit désirer aussi une prompte solution de la frontière brésilienne; car, bien que le terrain en contestation n'ait pas encore donné lieu à une exploitation aurifère, il est susceptible comme le reste des Guyanes, et peut-être à un plus haut degré en raison des terres basses voisines des Amazones, d'être exploité avec grand profit au point de vue agricole.

Les fleuves qui se jettent dans l'Océan, entre l'embouchure des Amazones et celle de l'Orénoque, sont très nombreux ; quelques-uns même sont très importants, sinon par la longueur de leur cours, du moins par l'énorme volume d'eau qu'ils charrient, résultant d'un nombre considérable d'affluents et de sous-affluents. Nous pouvons aussi signaler la présence sur tous ces cours d'eau, mères et affluents, au moins dans la région des terres hautes, qui est de beaucoup la plus importante, de nombreux sauts ou rapides sur lesquels nous aurons à revenir au point de vue de leur constitution géologique.

Enfin tous ces cours d'eau ont au plus haut degré le caractère torrentiel. Nous verrons en effet, en parlant de la géologie, du sol des Guyanes, que la terre végétale, elle-même très compacte et chargée d'humus, repose sur une masse argileuse de 40 mèt. d'épaisseur, résultat de la kaolinisation progressive et rapide du feldspath des roches granitiques et gneissiques, et des roches éruptives qui ont accompagné les formations quartzo-aurifères ; de sorte que les filtrations de l'eau de pluie dans un sol aussi imperméable sont presque nulles. En outre, le volume d'eau qui tombe annuellement sur le sol guyanais est un des plus considérables qu'on ait observés à la surface du globe, environ $4^{m},50$: le pluviomètre de Cayenne marquait plus de $1^{m},20$ pour les trois premiers mois de 1887, et le mois de mars est généralement sec, comme aussi les mois d'août, septembre et octobre.

Ces deux phénomènes suffisent à expliquer le grand débit et le caractère torrentiel des cours d'eau des Guyanes. Les crues des fleuves sont d'ailleurs quelquefois tellement fortes que le flux et le reflux de la marée ne se font pas sentir aux embouchures ; et cependant les fortes marées atteignent sur la côte jusqu'à près de 2 mèt. d'amplitude. Nous énumérerons ici les fleuves les plus importants, en particulier ceux des Guyanes anglaise et française.

Entre l'Orénoque et l'Essequibo, que nous avons déjà cité, il n'y a que de petits cours d'eau, dont le principal, le Rio *Barima*, peut être considéré comme un affluent de l'Orénoque, attendu que son embouchure est située sur le bras de même nom qui limite au Sud le delta de ce grand fleuve.

Le Rio *Essequibo* prend sa source à l'extrémité occidentale du Tumuc-Humac, et il reçoit près de son embouchure un affluent important formé par la réunion du Mazaruni et du Cuyuni ; ce dernier reçoit près de sa source le Yuruari, qui passe, dans le district du Caratal, au pied de la riche concession aurifère connue sous le nom d'«El Callao».

Après l'Essequibo, nous citerons, dans la Guyane anglaise, le Rio *Demerara*, à l'embouchure duquel est établi le chef-lieu de la colonie, Georgetown ; et le Rio *Berbice*, qui, à 300 kilom. en-

2

viron de la côte, est très rapproché du cours de l'Essequibo.

Le Rio *Corentyn*, qui sert de limite aux Guyanes anglaise et hollandaise, est presque aussi long que le Rio Essequibo, mais reçoit moins d'affluents. La Guyane hollandaise est arrosée par de nombreux cours d'eau dont un seul est bien connu, le Rio *Surinam* : c'est sur la rive gauche de ce fleuve et à 20 kilom. environ de son embouchure qu'est situé le chef-lieu de la colonie, Paramaribo. A la saison des pluies, on peut passer en canot, en suivant un affluent commun, du Rio Surinam dans le fleuve du Maroni, qui sépare les Guyanes hollandaise et française. Le *Maroni* prend sa source, comme l'Essequibo et le Corentyn, au pied des plus hauts sommets de la chaîne de Tumuc-Humac ; c'est à 250 kilom. environ de son embouchure qu'il se divise en deux branches dont nous avons déjà parlé, le Tapanahoni et l'Awa.

A 5 kilom. à peine de l'embouchure du Maroni sur la rive française, se jette un autre fleuve, la *Mana*, moins important comme cours d'eau, mais bien connu par la richesse aurifère de ses affluents de la rive gauche. Parmi les autres fleuves de la Guyane française, nous citerons : le *Sinnamary*, où a été fondé le premier établissement colonial, et où la Compagnie de Saint-Élie a exploité les plus riches gisements d'alluvions aurifères ; le *Kourou*, qui se jette en face des îles du Salut, les plus importantes de toute la côte guyanaise ; le *Mahury*, formé par la réunion de *la Comté* et de l'*Oraput* ; l'*Approuague*, et enfin l'*Oyapock*, qui a à peu près l'importance du Maroni et sert de limite provisoire à la Guyane française du côté du Brésil. Enfin, de l'Oyapock à l'embouchure des Amazones on rencontre plusieurs cours d'eau de peu d'étendue ; nous avons cité le *Japock* ou *Vincent Pinson*.

Une branche se détache de la rive gauche du fleuve de *la Comté*, et forme ainsi l'île de Cayenne, qui ne saurait être assimilée à un delta à cause de la nature rocheuse du sol ; c'est à l'ouest de cette île qu'est bâti le chef-lieu de la colonie, la seule des villes de toute la côte guyanaise qui n'est pas sur une rivière. Sa situation sur des roches granitiques et dioritiques procure à

Cayenne un excellent climat, et la rade qui lui sert de port pourrait très bien être aménagée pour recevoir des navires de fort tonnage, au moyen d'une jetée qui arrêterait les ensablements du courant des Amazones.

Nous avons dit que les fleuves des Guyanes reçoivent un nombre très considérable d'affluents et de sous-affluents, c'est-à-dire que le système hydrographique de ces contrées est très complexe. On peut du moins se faire une idée assez exacte du tracé de tous les cours d'eau dits navigables, que l'on peut remonter en canot indien au moins pendant huit à neuf mois de l'année. Mais le système orographique est beaucoup plus difficile à étudier, attendu que le sol des Guyanes est recouvert d'une puissante végétation, et qu'il n'est jamais possible de s'élever sur des sommets dégarnis où il soit permis, soit d'embrasser d'un coup d'œil une vaste étendue de terrain, soit seulement de juger de la direction d'une chaîne de montagnes.

On peut cependant admettre que les plus fortes chaînes doivent avoir la direction générale des principaux cours d'eau, fleuves ou affluents, qui descendent généralement du Sud au Nord. Mais à ces chaînes secondaires, qui ne sont que les contreforts de la chaîne de Tumuc-Humac, se rattachent une infinité de chaînons transversaux, et qui ont des directions aussi variées que les nombreux sous-affluents des fleuves. En d'autres termes, si l'on veut marcher en ligne droite à l'intérieur des Guyanes, quelle que soit la direction suivie, on est obligé de franchir successivement, et presque sans interruption, des collines plus ou moins escarpées et des cours d'eau plus ou moins encaissés : ces derniers sont quelquefois bordés de marécages qui ne sont jamais bien larges, et les montagnes présentent plus souvent la forme arrondie ou des crêtes à pic que des plateaux même peu étendus.

En outre on peut observer que les hauteurs des montagnes au-dessus des vallées vont en augmentant à mesure qu'on remonte les cours d'eau, c'est-à-dire qu'on s'élève à une plus grande altitude. Jusqu'à 100 kilom. de la mer, en Guyane française, on n'observe pas de hauteurs supérieures à 100 mèt., et par suite pas de sommets d'une altitude de plus de 200 mèt. ; et à 150 kilom. environ, nous avons franchi des montagnes de plus de 200 mèt. de hauteur, soit 350 mèt. d'altitude.

On peut donc se représenter le terrain des Guyanes comme un immense plan incliné qui part des sommets de la chaîne de Tumuc-Humac et s'abaisse vers la mer avec une ligne de plus grande pente de 300 à 600 kilom. de développement, suivant qu'on est plus rapproché des Amazones ou de l'Orénoque ; et ce plan incliné est entièrement recouvert d'une infinité de mornes ou sortes de ballons qui ne laissent entre eux que les passages des cours d'eau torrentiels, et de distance en distance quelques vallées un peu plus larges dirigées suivant l'inclinaison.

Ce même plan incliné se termine à une distance de la mer qui peut varier de 20 à 60 kilom. : on compte de 20 à 30 kilom. aux deux extrémités vers l'Oyapock et vers l'Essequibo, et 30 à 60 kilom. entre le Sinnamary et le Rio Berbice. Dans cet intervalle, on ne trouve que des terres basses le plus souvent marécageuses. Quelques montagnes isolées, notamment aux environs de Cayenne, correspondent à des soulèvements tout à fait locaux, auxquels doivent aussi être rattachés les îles du Salut et plusieurs îlots en face de Cayenne.

La constitution géologique des montagnes dont nous venons de parler, c'est-à-dire du sol des Guyanes, est encore plus difficile à bien déterminer que leur relief exact, et cela tient au phénomène, que nous avons déjà signalé, de la décomposition ou kaolinisation du sol jusqu'à une très grande profondeur. Nous avons observé en effet que certaines roches granitiques et gneissiques, et les roches éruptives, porphyriques, dioritiques ou syénitiques, parvenues à un certain degré d'altération, présentent toutes le même faciès, et se réduisent en terre très argileuse dont la coloration, due à la présence du minerai de fer, peut seule varier. Ces différences de couleur, d'ailleurs, ne sont pas tant dues aux différences de nature primitive de la roche qu'au degré plus ou moins fort d'altération.

C'est ainsi que les argiles, entassées au fond des vallées et dans toute la région des terres basses, sont généralement claires (blanches, grisâtres, rosées ou bleutées) parce qu'elles proviennent de la désagrégation et de l'entraînement successifs de la surface des versants de montagnes. Au contraire, celles qui sont restées en place sur les montagnes, provenant de roches moins altérées, sont le plus souvent de couleur rouge foncée.

Dans ces conditions, il ne serait possible de déterminer la nature des roches qu'en exécutant des travaux assez profonds pour les recouper à un état de décomposition peu avancé, permettant au moins de juger la disposition et la forme de leurs éléments constitutifs : et c'est là en effet presque le seul mode de détermination que présentent les roches des plus anciennes formations de la Guyane.

Mais le sol guyanais a été bouleversé par des phénomènes géologiques à des époques très diverses, et à côté d'éruptions très anciennes, de l'époque primaire ou secondaire, en tous les cas de beaucoup antérieures aux phénomènes de décomposition de la surface, nous avons acquis la preuve qu'il y a eu des soulèvements accompagnés d'éruptions très récents, et que nous sommes même conduit à attribuer au commencement de l'époque quaternaire. De là résulte que les roches affectent quelquefois la forme de dykes puissants, de grands épanchements ou de blocs isolés, sans autre altération que la décomposition d'une mince couche superficielle qui n'atteint pas toujours 1 millim. d'épaisseur.

A la suite de nos observations superficielles et de nos travaux de recherches jusqu'à plus de 30 mèt. de profondeur, nous avons pu formuler cette conclusion que les terrains primitifs sont seuls représentés dans les Guyanes. Nous avons observé diverses variétés de granites et de gneiss, des schistes anciens et quelques talcschistes de l'époque silurienne, et aussi, croyons-nous, des calcaires dévoniens.

Dans les terres basses cependant, on trouve les dépôts quaternaires, qui continuent à se former de nos jours. Les observations faites pendant le creusement de puits artésiens en Guyane anglaise ont accusé en profondeur : $1^m,50$ de terre végétale ; $0^m,50$ de sable ; 1 mèt. d'argile bleue ; puis, de 3 à 13 mèt., une couche très tendre ; de 13 à 18 mèt., une espèce de tourbe tropicale (pegass) ; enfin diverses couches d'argile plus ou moins sableuse jusqu'à 38 mèt., profondeur à laquelle a été trouvée la couche aquifère dans le sable, suivie jusqu'à 42 mètres.

Sur quelques points de la côte, les dépôts actuels sont assez abondants pour que la forme du rivage soit à peine en quelques années notablement modifiée : on s'explique ce phénomène en considérant l'énorme proportion de matières vaseuses charriées par les fleuves, dont les courants vont buter, à peu de distance dans la mer, contre le grand courant équatorial, ou *gulfstream*, et sont en outre contrariés par le flux et le reflux de la marée.

C'est aux roches primitives et à ces dépôts quaternaires que se réduit par conséquent l'échelle des terrains sédimentaires pour la formation du sol guyanais ; mais remarquons bien que ce sont plutôt les roches éruptives qui dominent dans l'intérieur, au moins dans la zone aurifère, la mieux explorée jusqu'à ce jour.

La recherche de l'or est le mobile qui attire le plus les explorateurs dans l'intérieur, et les formations quartzo-aurifères paraissent toutes avoir été accompagnées de puissantes émissions de roches éruptives qui constituent sous forme d'énormes bassins la roche encaissante des fissures filoniennes quartzeuses. C'est pour cela que ces roches éruptives sont les mieux connues.

Le porphyre nous a toujours paru, sous ses nombreuses variétés, être presque la seule roche d'accompagnement des anciennes formations quartzo-aurifères de l'Uruguay ; de même que la diorite semble constituer l'unique roche encaissante des filons aurifères beaucoup plus récents du Caratal (Venezuela). Mais en Guyane française nous n'avons pas tardé à observer, même en surface, et des roches porphyriques et des roches dioritiques ; celles-ci abondent même aux environs de Cayenne, où nous avons signalé des soulèvements probablement très récents. Nous avons étudié en outre des fissures filoniennes encaissées dans des roches syénitiques.

Nous avons pu conclure de là que la formation aurifère de la Guyane diffère à la fois des formations de l'Uruguay et du Venezuela ; dans tous les cas, si le district guyanais a été influencé par des formations anciennes dont la richesse est généralement superficielle, on doit rencontrer aussi des formations beaucoup plus récentes, riches en profondeur. Cette hypothèse, que nous avions admise tout d'abord, a été confirmée déjà par plusieurs découvertes de filons riches, résultant de nos travaux en Guyane française.

La Guyane hollandaise exploite depuis plusieurs années, dans le Haut-Surinam, des gisements d'or alluvionnaires dont les analogies avec les gisements de la Guyane française, connus et exploités depuis plus de trente ans, ne nous laissent aucun doute; et on a même déjà prétendu y avoir trouvé des filons riches. En Guyane anglaise, la recherche de l'or, d'abord entièrement sacrifiée au travail de l'agriculture, vient cependant d'être entreprise dans ces dernières années à l'ouest de la colonie, dans le bassin de l'Essequibo : c'est à ce bassin qu'appartient le district aujourd'hui venezuelien du Caratal, dont la production en or par les filons a été longtemps une des plus élevées du monde entier.

Nous inclinons à croire que ces deux colonies ne seront pas moins riches et en alluvions et en gisements filoniens que la Guyane française. Mais, au lieu que le district hollandais présentera certainement les plus grandes analogies avec le district français, dont il n'est séparé que par le cours du Maroni, nous croyons que le district anglais devra plutôt ressembler au district venezuelien : une analogie de terrain s'accuse déjà par la présence en Guyane anglaise, comme dans la Guyane venezuelienne, de quelques savanes.

Or nous avons observé dans le Venezuela les traces évidentes de phénomènes diluviens très puissants, qui n'ont nullement influencé la Guyane française ; celle-ci possède en outre des formations porphyriques que nous n'avons pas vues au Caratal. Il est donc probable qu'entre la formation aurifère franco-hollandaise et la formation anglo-venezuelienne, si différentes l'une de l'autre, s'étendra une zone stérile qui pourrait embrasser, par exemple, les bassins du Rio Corentyn et du Rio Berbice ; mais ces contrées n'ont pas encore été, croyons-nous, assez étudiées, pour qu'à ce sujet nous puissions nous montrer bien affirmatif. Les recherches ultérieures décideront la question.

Une des conséquences de cette variété de formations quartzo-aurifères et de l'absence de grands phénomènes diluviens sur le district franco-hollandais, c'est que les gisements alluvionnaires de ce dernier district sont plus rapprochés que ceux du district venezuelien des fissures filoniennes qui leur ont donné naissance ; par suite, l'observation des alluvions peut servir de point de départ à la recherche des gisements filoniens, et ce résultat est très important, car sans cela la recherche filonienne présenterait dans la forêt vierge les plus grandes difficultés.

Une autre conséquence des mêmes faits, c'est que la couche alluvionnaire présente dans le cours d'une vallée la même irrégularité que le remplissage quartzeux dans une fissure filonienne, notamment au point de vue de la richesse. D'autre part, si les zones riches sont moins étendues, elles peuvent accuser, par contre, des teneurs beaucoup plus élevées.

Dans ce même district franco-hollandais, l'alluvion aurifère n'est pour la plus grande partie que le résultat de la condensation directe à l'air libre des vapeurs quartzo-aurifères émises par les cheminées filoniennes. Au contraire, après l'entraînement par des courants diluviens, l'alluvion aurifère peut ne se trouver qu'à de grandes distances des cheminées d'origine, comme cela a eu lieu au Venezuela, et surtout aussi en Californie ; et la désagrégation des têtes riches de filons entre pour une plus grande part dans la constitution de la couche alluvionnaire.

Le relief très accidenté des Guyanes, relief dont nous considérons la formation comme ayant précédé ou tout au plus accompagné les dernières formations quartzo-aurifères, s'oppose d'ailleurs à ce qu'on admette, pour expliquer l'origine des alluvions aurifères de ce district, une troisième hypothèse, celle de la sédimentation au sein d'eaux alcalines, qui auraient enlevé par dissolution le précieux métal aux colonnes riches profondes des fissures filoniennes.

D'autre part, on peut aussi invoquer, pour rejeter cette troisième hypothèse, l'irrégularité de la richesse des alluvions, irrégularité en direction que nous avons déjà signalée, et irrégularité en hauteur : c'est en effet tantôt la base, tantôt la tête de la couche qui présente le maximum de richesse, ce qu'on explique très bien en admettant sur le même point une succession de formations filoniennes plus ou moins riches, mais mieux encore en tenant compte de la chute plus ou moins rapide des parties les plus lourdes et des plus légères (qu'il s'agisse de solides ou de vapeurs), suivant le plus ou moins d'inclinaison des versants de montagnes.

Le développement ultérieur en profondeur des travaux de recherches et surtout d'exploitation permettra seul d'étudier plus complètement la constitution géologique du sol des Guyanes, dont nous n'avons pu présenter ici qu'une esquisse générale.

Nous terminerons cette étude géologique par une observation qui rend compte d'un des principaux caractères géographiques de la contrée. Nous avons signalé en premier lieu la présence, en Guyane, de nombreux dykes très puissants de roche éruptive, et en second lieu celle d'affleurements quartzeux anciens, qui par leur puissance peuvent aussi être appelés dykes quartzeux. C'est tantôt l'une et tantôt l'autre de ces sortes de dykes qui constituent le plus grande partie des sauts ou rapides qu'on rencontre fréquemment sur toutes les rivières des Guyanes, dans la région des terres hautes, c'est-à-dire à partir de 30 ou 40 kilomètres de distance de la mer en avançant dans l'intérieur.

Quelquefois cependant nous avons observé des sauts formés par un simple soulèvement de roches primitives, granitiques ou gneissiques. Ces agglomérations de roches peuvent alors s'étendre sur plus de 300 mèt. de large. D'autres fois on rencontre de véritables murailles formant des chutes verticales de 5 à 10 mèt. de hauteur, dues à des glissements de terrain suivant des failles.

CHAPITRE III.

EXPLOITATIONS AGRICOLE ET FORESTIÈRE.

Nous avons dû, en parlant de la constitution géologique, laisser entrevoir que l'industrie aurifère a déjà été pour le Venezuela et la Guyane française et est appelée à devenir, pour les trois colonies guyanaises, une des plus grandes sources de richesse. L'histoire des Guyanes nous témoigne aussi que c'est la recherche du métal précieux qui a fait entreprendre les premières explorations dans l'intérieur des terres : la légende de l'*El Dorado* ne tardait pas en effet à être connue après la découverte de l'Amérique, et il est bien probable que cette légende reposait sur l'habitude qu'ont conservée les Indiens de se couvrir le corps et particulièrement la figure d'ornements très variés, parmi lesquels on remarque souvent des pépites d'or natif.

Toutefois nous avons pu observer que la colonisation des Guyanes n'a pas eu l'industrie aurifère pour principal mobile. La recherche de l'or exige en effet des moyens d'action que ne pouvaient mettre en œuvre les premiers colons établis sur la « côte sauvage ». Et, sans parler des connaissances techniques ou de l'expérience acquise sur d'autres districts aurifères, il est permis de supposer que ces colons, tout en ayant entendu raconter la légende de l'*El Dorado,* reculèrent devant les difficultés de toute sorte qui se présentent lorsqu'on essaye de pénétrer dans l'intérieur des terres où ont été découverts plus tard les gisements aurifères. Nous citerons seulement : la difficulté de s'approvisionner de vivres ; l'absence, au milieu de la forêt vierge, de routes autres que les cours d'eau, et ceux-ci sont encore, la plus grande partie de l'année, rendus inabordables aux Européens par la fréquence des sauts ou rapides et par les obstacles que forment les bois tombés ; enfin la présence des Indiens, qui se sont montrés fort longtemps hostiles à l'occupation de leur territoire par les étrangers, tandis qu'on est arrivé à se servir d'eux pour le canotage sur deux ou trois rivières où on les trouve encore aujourd'hui.

Pour toutes ces raisons, on comprend qu'il était plus facile aux premiers colons de s'établir sur la côte et aux embouchures des grandes rivières que dans l'intérieur. Mais la meilleure raison qui dut les déterminer à laisser de côté la recherche de l'or est précisément la même que nous invoquerons pour expliquer comment les Guyanes hollandaise et anglaise se sont développées et ont prospéré jusqu'à ces derniers temps sans s'occuper d'exploitation aurifère : c'est que le sol des Guyanes tout entier, tant dans les terres basses que dans les terres hautes, présente un élément de richesse beaucoup plus facile à mettre en valeur que celui qui est caché dans quelques parties seulement de son sous-sol.

Nous voulons parler de cette étonnante fertilité qui est le caractère le plus saillant des terres tropicales, à la condition qu'elles reçoivent de grandes quantités d'eau de pluie. C'est donc bien un caractère des Guyanes, qui reçoivent annuellement près de 4^{m},50 d'eau pluviale ; et l'on peut expliquer ce phénomène par la position de ces contrées au voisinage et de l'Équateur et d'une grande mer, d'où résulte pendant une grande partie de l'année le régime des vents équatoriaux ou alizés, soufflant de la mer sur toute la côte, du S.-E. au N.-W., jusqu'à une grande profondeur dans l'intérieur des terres.

Ces pluies abondantes d'une part, et d'autre part la température, qui, sans être élevée, varie à peine dans toute l'année entre 22° et 31° centigrades, n'ont pas tardé à donner naissance à une végétation luxuriante sur tout le sol des Guyanes. Cette végétation, surtout touffue dans les terres basses, très puissante au contraire dans les terres hautes, a toujours été de nature à produire en surface d'immenses dépôts de matières organiques qui ont rapidement formé une couche de terre végétale excessivement riche en humus.

La nature argileuse du sous-sol, dont nous avons expliqué l'état de décomposition par la kaolinisation du feldspath des roches, n'a pas peu contribué à rendre fertiles les terres hautes, couvertes aujourd'hui par une immense forêt vierge dont les grands arbres envoient quelquefois leurs racines à près de 10 mèt. de profondeur et s'élèvent presque tous à 30 ou 40 mèt. de hauteur. D'autre part, les terres basses, souvent inondées par les grandes crues des rivières, ont reçu des apports alluvionnaires non moins fertiles, et de cette manière l'ensemble de la contrée est devenu propre aux cultures les plus variées de la zone tropicale.

Les premiers colons guyanais se sont surtout préoccupés de la fertilité des terres basses, dont le sol, de nature alluviale, est presque uniquement composé d'argile bleue, de sable, de sel marin et d'humus. Nous avons vu en effet le juif hollandais Spranger, chassé du Brésil, venir fonder, vers le milieu du XVIIe siècle, un premier établissement agricole sur la côte de Remire dans l'île de Cayenne. Son exemple ne tarda pas à être suivi, et si la Guyane française n'est pas restée à la tête de ses voisines pour la production agricole, c'est parce que son territoire a été plus souvent soumis au pillage et à la ruine, conséquences de la guerre et de l'occupation étrangère ; c'est aussi parce que les premiers essais de colonisation française ont été malheureusement fort mal dirigés et confiés à des hommes trop préoccupés de leur intérêt personnel et le plus souvent incapables.

L'occupation par les armes de l'île de Cayenne obligea en particulier les juifs hollandais à abandonner la côte de Remire, pour aller s'établir à l'embouchure du Rio Surinam, et ce fut là l'origine de la prospérité hollandaise. La Hollande contribua aussi beaucoup à la fondation d'établissements coloniaux dans la région de l'Ouest, plus tard cédée à l'Angleterre, et qui est aujourd'hui la partie la plus peuplée des Guyanes.

Cependant la Guyane française était appelée à jouir d'une plus grande prospérité, autant par la fertilité et une plus grande variété de composition de son sol que par la situation même de son chef-lieu, situation relativement élevée au bord de la mer, qui devait exiger moins de travaux d'assainissement. Presque toutes les autres villes de la côte, y compris Paramarilo et Georgetown, sont au contraire établies sur des terres basses, et n'ont pu devenir habitables qu'à la condition de procéder à de grands travaux, consistant surtout en digues et en canaux de drainage; ces travaux sont d'ailleurs parfaitement conçus et exécutés dans les deux villes principales hollandaise et anglaise.

Enfin les nombreux essais tentés à diverses époques sur notre colonie ne servent pas moins que la prospérité toujours croissante des colonies hollandaise et anglaise à démontrer que toutes les trois jouissent et du même climat et de la même fertilité agricole.

Les principales cultures qui conviennent le mieux au sol des Guyanes peuvent se diviser en trois catégories, suivant le mode d'utilisation de leurs produits. Nous énumérerons dans la première les produits d'exportation destinés aux industries qui ne sont pas encore créées dans les colonies. Dans la deuxième catégorie figureront les produits destinés seulement à la consommation intérieure, et qui ne pourraient être exportés qu'avec une forte dépréciation. La troisième catégorie comprendra tous les produits simplement préparés ou soumis sur place à un traitement industriel, et qui deviennent, soit des produits de consommation, soit des produits d'exportation. — Nous formerons enfin une catégorie distincte pour les produits de l'exploitation forestière, qui sont aussi des produits de consommation et d'exportation.

1° *Produits agricoles d'exportation.* — Ces produits peuvent se subdiviser en substances *textiles*, substances *tinctoriales*, et substances propres à divers usages. Parmi les substances *textiles*, le *coton* est la plus anciennement connue : le coton de Cayenne était réputé comme étant à la fois le plus fort et le plus régulier parmi les cotons dits *à longue soie*. Depuis quelques années, on a aussi essayé avec succès, à Cayenne, la culture de la *ramie*, plante de provenance asiatique, dont les tiges, convenablement décortiquées, ainsi que nous l'avons vu pratiquer dans les usines anglaises, notamment à Wakefield, peuvent donner lieu à deux sortes de produits : l'un plus fin et qui rivalise presque avec la soie, l'autre plus grossier qui peut remplacer le coton.

Parmi les substances *tinctoriales*, nous citerons le bois de *campêche*, grand arbre de la famille des Légumineuses, qui sert à teindre en noir et en violet, et l'*indigo*, qu'on retire du suc de l'indigotier et de diverses autres plantes, et qui sert à teindre en bleu. Mais la plus répandue et aussi celle qui est le plus estimée comme provenance guyanaise est le *rocou* ou *roucou*, qui entoure sous forme de pulpe gluante les graines du rocouyer, et qui colore l'eau froide en jaune, l'esprit de vin et les alcalis en rouge ; cette dernière couleur traitée par l'acide sulfurique concentré donne du bleu. Le roucou est employé pour colorer la soie en jaune d'or ou orangé ; on l'emploie aussi à colorer les vernis, les huiles, le fromage, etc... ; enfin les Indiens s'en servent pour se teindre le corps, et se préserver ainsi des piqûres d'animaux.

Enfin, parmi les autres substances de la première catégorie, nous citerons le *caoutchouc* et la *gutta-percha*, deux substances résineuses dont l'usage industriel tend à se répandre de plus en plus. Le caoutchouc est plus malléable ; on l'extrait de plusieurs arbres, entre autres de l'*Hevea guianensis*, qui fut découvert en Guyane par Fremeau, et décrit pour la première fois en 1751 par La Condamine. — La gutta-percha est plus solide et plus tenace, mais beaucoup moins élastique que le caoutchouc ; elle est produite par le *balata*, arbre beaucoup plus commun et que nous avons vu cultiver en famille à l'embouchure du Maroni, où l'on récoltait annuellement par pied 3 kilogr. de résine. La gutta-percha n'est connue en Europe que depuis une quarantaine d'années.

2° *Produits agricoles de consommation intérieure.* — En premier lieu, parmi les *céréales*, le *riz* et le *maïs* sont celles qui conviennent le mieux au climat et au sol des Guyanes ; nous n'avons vu pratiquer ces cultures que sur une très petite échelle, mais nous pensons que celle du *riz*, que l'on consomme beaucoup en Guyane, pourrait surtout être d'un grand profit pour les colons.

Nous parlerons, en second lieu, des *légumes* : les Européens se plaisent à retrouver dans les Guyanes la plupart des légumes de nos climats tempérés, et nous devons dire qu'en général les légumineuses (pois, haricots, fèves, etc...) s'acclimatent très bien et donnent même lieu à plusieurs récoltes par an. Il en est de même des plantes potagères, vulgairement assimilées aux légumes parce qu'elles servent aussi d'aliments, soit par leurs feuilles ou leurs fleurs, soit par leurs racines ou leurs fruits ; nous citerons, par exemple : les choux, les épinards, les artichauts, les carottes, les navets, les betteraves, les salsifis, les radis, les melons, les aubergines, etc... Nous excepterons cependant la *pomme de terre*, qui peut bien se reproduire en Guyane, mais prend alors un goût sucré qui la rapproche de la patate.

D'autre part, les produits originaires des Guyanes ne manquent pas : à l'*igname* vient s'ajouter la *patate*, dont on mange aussi les feuilles comme épinards. Citons aussi, parmi les plantes potagères, la *tomate*, la *Ketmie Gombo*, dont le fruit porte le nom de *calalou*.

Enfin les fruits des grands arbres présentent de nombreuses variétés : les *bananes*, entre autres, sont un des aliments les plus communs en Guyane hollandaise, et les variétés dites *bacoves* sont partout très recherchées. De même, les *mangues* présentent certaines variétés qui peuvent rivaliser avec les meilleurs fruits d'Europe ; et les *ananas*, fruits du bromelia, ont un parfum qui ne se rencontre pas dans les mêmes fruits d'Europe ou d'Afrique. — On fait aussi des confitures très estimées avec quelques variétés de cerises, avec les fruits du *goyavier aromatique* ou *citronnelle de Guyane*, avec les grenadilles, barbadines et autres fruits dont les noms locaux sont seuls connus.

Quelques-uns des produits précédents servent à faire des boissons rafraîchissantes, telles que la bière d'ananas. D'autre part, on trouve répandue en Guyane une espèce de thé qu'on nomme *ayapana*, et qui donne en infusion une odeur aromatique et un goût légèrement amer. On emploie de la même manière l'infusion de feuilles du goyavier aromatique, ou de la *mélisse officinale*.

3° *Produits agricoles de consommation et d'exportation.* — La plupart de ces produits sont destinés, comme les précédents, à l'alimentation. On peut cependant, dans leur ensemble, distinguer d'une part les aliments toniques nutritifs, et d'autre part les aliments excitants et certaines boissons qui doivent à leur facilité de conservation d'être rangés dans la troisième catégorie: les aliments rafraîchissants, légumes, céréales et plantes potagères, ont été pour la plupart cités dans la catégorie précédente, et c'est à ce titre que nous aurions pu ranger dans la même catégorie le *manioc*. La racine du manioc donne en effet une fécule à la fois nourrissante et rafraîchissante, que l'on mange beaucoup en Guyane à l'état de farine grillée ou *couac*, et aussi sous forme de pain ou *cassada* ; mais la même racine donne également un produit d'exportation, le *tapioca* ou *sagou blanc*. Le manioc, de la famille des Euphorbiacées, est cultivé en grand dans les Guyanes anglaise et hollandaise, et aussi en petite quantité sur quelques rivières de la Guyane française, l'Oyapock, l'Approuague et le Maroni : le suc laiteux et très vénéneux de cette plante perd ses propriétés délétères par la cuisson, ou plus simplement par une exposition à l'air de vingt-quatre heures.

Le *cacao*, fruit du cacoyer (famille des Byttnériacées), donne lieu aussi, par son mélange avec du sucre, à un aliment tonique des plus répandus, le chocolat. Les deux marques guyanaises les plus connues sont le *cacao Berbice*, court et arrondi, et le *cacao Surinam*, arrondi aussi mais un peu plus long.

Parmi les aliments excitants, nous citerons : le *poivre*, fruit du poivrier; le *piment*, et en particulier le *piment enragé*, qu'on appelle aussi, après préparation, Cayenne-peper ; les *clous de girofles*, fleurs non épanouies du giroflier ; le *gingembre*, racine aromatique ; la *cannelle*, écorce du laurier-cannelier (*Laurus cinnamomum*), dont la variété dite de Cayenne est une des plus estimées après celle de Ceylan ; la *muscade*, amande du muscadier, qui a été introduite en Guyane vers la fin du siècle dernier : on a cultivé aussi à Cayenne une espèce particulière dite muscadier à suif, dont les graines pilées servaient à fabriquer une sorte de chandelle ; enfin la *vanille*, fruit ou gousse du vanillier, que certains botanistes classent dans la famille des Orchidées.

Un grand nombre des plantes que nous venons de nommer sont en outre d'un usage courant en pharmacie : c'est ainsi qu'on emploie le beurre de cacao, la racine de gingembre, l'huile aromatique ou essence de girofle, etc... Nous citerons également comme plantes médicinales : le *ricin*, de la même famille que le manioc ; le *quassier* ou *quassia amara* (famille des Rutacées), originaire de la Guyane, dont le bois possède des propriétés toniques et fébrifuges analogues à celles du quinquina. On pourrait enfin ajouter à cette liste de nombreux remèdes locaux, tous d'origine végétale, que les infirmières guyanaises emploient avec succès : la racine d'*indigo*, les *raquettes* ou feuilles d'une variété de cactus, les feuilles de *pourpier*, les fleurs du *macata*, qui est un grand arbre de la forêt, etc., etc.

Il nous reste à parler des produits agricoles qui peuvent donner des boissons. En premier lieu, vient la *canne à sucre*, qui sert non seulement à fabriquer le sucre le plus estimé, mais donne aussi, par la distillation des mélasses, le *tafia* ou rhum blanc, et le *rhum* ; ce dernier s'obtient en faisant simplement vieillir le tafia en baril, et mieux encore par la distillation des écumes de sucre. La *canne à sucre* est originaire de l'Inde et fut importée au XVIe siècle dans l'Amérique centrale. Elle a été longtemps cultivée dans toute la Guyane française, comme elle l'est encore sur la Mana et le Maroni, mais surtout dans les Guyanes hollandaise et anglaise.

Si la *canne à sucre* est devenue plus difficile à exploiter en raison de la concurrence créée par les nombreuses substances dont on extrait aujourd'hui le sucre, le *café* pourrait encore être un produit très lucratif pour les Guyanes. Ce n'est qu'au commencement du XVIIIe siècle que le café, d'origine arabe, fut introduit en Guyane, et malheureusement cette culture n'a pas été beaucoup développée. Mais nous estimons que le café des Guyanes, tel qu'on en produit encore dans le quartier dit de la *Montagne-d'Argent* (Guyane française), serait rangé dans les qualités les plus recherchées. Toutes les expositions ne conviennent pas, il est vrai, à la culture du caféier; mais les terres hautes présentent de nombreuses petites vallées où cette culture serait, croyons-nous, très productive.

Il nous reste à citer, pour clore la troisième catégorie des produits agricoles, une plante dont les feuilles servent à des usages bien connus, le *tabac*, de la famille des Solanées ; le tabac, originaire de l'Amérique du Sud, donnerait en Guyane un produit, sinon de première qualité, du moins très abondant.

Produits de l'exploitation forestière. — Les produits de cette catégorie n'exigent pas de culture spéciale, mais un simple travail de déboisement de la forêt vierge. Cette exploitation ne laisse pas de présenter quelques difficultés économiques.

En premier lieu, la forêt vierge des Guyanes comprend, il est vrai, de nombreuses essences susceptibles d'être employées à des usages très variés, mais aucune d'elles ne se trouve en famille ; par suite, il devient coûteux d'effectuer le transport des divers pieds, quelquefois très éloignés l'un de l'autre, jusqu'à la rivière la plus proche. En second lieu, la plupart des essences les plus estimées sont des bois durs qui ne flottent pas. Aussi n'a-t-on encore tiré parti que de quelques bois situés à proximité des grands cours d'eau, sur lesquels peuvent naviguer, soit de forts canots, soit des chaloupes à vapeur, remorquant des radeaux.

L'exploitation forestière pourrait cependant être développée et s'étendre sur l'ensemble des terres hautes, par la création, dans l'intérieur, de voies ferrées dont l'utilité se fait d'ailleurs sentir pour d'autres besoins; les frais d'installation de ces voies ferrées pourraient même être remboursés au moins en grande partie par l'exploitation des bois rencontrés à proximité de leur tracé.

Une première Compagnie s'était formée en Guyane française, sur la rive droite du Maroni, pour l'exploitation forestière proprement dite ; mais elle n'a pu prospérer, tant à cause des difficultés ci-dessus mentionnées que de l'exagération de ses premières dépenses et notamment des frais généraux. La concession et le matériel ont dû être vendus à bas prix, et nous croyons que le nouveau propriétaire, qui a déjà repris l'exploitation, comprend parfaitement l'utilité, sinon la nécessité, de joindre à cette exploitation forestière la construction d'une voie ferrée destinée à desservir un des centres filoniens aurifères les plus importants de la Guyane française situé dans le bassin de la Mana.

Nous citerons les principales essences de choix qu'on rencontre dans les forêts des Guyanes, en les classant d'après l'usage ordinaire qu'on en fait.

1° *Bois de couleur d'ébénisterie et marqueterie.* — L'*acajou mahogoni*, variété d'acajou dont le bois très dur présente diverses nuances brun rougeâtre ; les *palissandres* ou *bois-violets*, auxquels se rattachent plusieurs variétés locales, telles que le *moutouchi*, le *boco* et le *panacoco* ; les *bois de rose*, d'un rouge foncé rayé de noir brillant ; le bois de *citron* ; le bois de *santal rouge* ; le *ferolia* ou *bois-satiné* à couleur ondoyante, rouge ou paillée ; les diverses variétés d'*ébènes*, noirs et marbrés vert ou rouge ; enfin diverses espèces qui n'ont encore que des noms locaux, le *bois coco*, le *patawa* et le *Maria-Congo*.

2° *Bois de menuiserie et de construction.* — Le *gaïac*, l'*ébène goupi rouge* ; le *balata* ; le *genipa* ; le bois d'*angélique* ; le *préfontaine* ; le *rose mâle Saint-Martin* ; le *wacapou* ; le *maho noir* ; le *cèdre acajou* et l'*acacia blanc*.

On emploie aussi pour les mêmes usages des bois d'une qualité inférieure, tels que : le *manguier* ; le *canari macaque* ; le *palé-*

tuvier rouge ; le *fromager* ; le *wapa* ; le *bois de fer jaune* ; le *goupi blanc* ; le *maho rouge* et le *maho-katari*.

3° *Bois tendres.* — Le *grignon franc* ; les *cèdres* jaunes, gris et blancs ; le *copahier* ; les *acajous* ordinaires ; enfin le *grignon fou* et le *simarouba*.

Parmi ces essences, il en est, comme le *gaïac* et le *copahier*, qui donnent aussi des produits pharmaceutiques; d'autres, comme le *bois de rose* et le *santal*, sont employés dans la parfumerie. La distillation du *bois de rose* a même été essayée à Cayenne il y a quelques années, et a bien réussi tant qu'on a pu se procurer facilement les pieds les plus rapprochés des rivières voisines ; nous sommes persuadé que cette industrie, comme bien d'autres, pourra être reprise avec profit lorsque des voies de communication dans l'intérieur permettront de réduire notablement les frais de transport.

Nous venons d'énumérer les principaux produits qui peuvent être obtenus par l'exploitation agricole et l'exploitation forestière dans les trois Guyanes, et l'on voit que leur nombre est assez grand pour qu'on puisse déboiser et mettre en friche de vastes étendues de terrain sans que les produits obtenus soient soumis à une dépréciation sensible. Ces exploitations donneront des bénéfices d'autant plus considérables qu'on aura pu ouvrir dans l'intérieur un plus grand nombre de voies et assurer des moyens de transport plus économiques ; et la plupart des cultures en terres hautes ne nous semblent même possibles industriellement qu'à la condition d'ouvrir ainsi des débouchés.

C'est pour cela que l'exploitation agricole ne donne actuellement de beaux résultats que sur les rives des fleuves, notamment sur les rivières de Surinam, de Berbice et de Demerara. Mais, en admettant que l'établissement de voies ferrées ne tarde pas à faciliter l'exploitation forestière, on doit s'attendre prochainement à ce que les déboisements qui en résulteront laissent un champ tout préparé pour l'extension des cultures dans les terres hautes. A la vérité, les bénéfices de l'exploitation forestière peuvent ne pas paraître *à priori* assez certains, ni le trafic futur de cette exploitation assez considérable, pour faire procéder au préalable et sans autre but à la construction toujours coûteuse d'une voie ferrée. Cette considération ne s'applique pas seulement à notre colonie, la plus éprouvée par les crises de toute sorte que nous avons signalées, mais même aux colonies anglaise et hollandaise, qui, malgré leur prospérité croissante, n'ont pas encore songé jusqu'à ces derniers temps à créer des voies d'intérieur pour tirer parti des richesses de la forêt. Mais à peine vient-on de découvrir en Guyane anglaise les premiers gisements aurifères, et déjà l'ouverture d'une grande voie et même l'installation d'une voie ferrée sont mises en avant ; nous sommes convaincu que ces projets ne tarderont pas à être exécutés.

L'industrie aurifère, en effet, dont il nous reste à parler, outre qu'elle est susceptible de donner de forts bénéfices, est surtout appelée à un avenir durable depuis la découverte récente, à la suite de nos travaux de recherches, de gisements aurifères filoniens exploitables en Guyane française. Et, alors même que ces mines d'or ne devraient pas être exploitées indéfiniment, leur exploitation suffira à appeler en Guyane de forts capitaux et une main-d'œuvre abondante ; elle créera dans tout l'intérieur des voies de communication, et, par la consommation du bois comme combustible pour les moteurs à vapeur, contribuera au déboisement, c'est-à-dire à la préparation du sol pour la culture, en même temps qu'à l'assainissement du pays. L'industrie aurifère aura donc pour conséquence de faciliter beaucoup les autres exploitations, et, de même que la Californie est ainsi devenue rapidement un pays de grande production agricole, de même il n'est pas douteux que les Guyanes, beaucoup plus fertiles, subiront dans un avenir rapproché la même transformation.

CHAPITRE IV.

INDUSTRIE AURIFÈRE.

Bien que la découverte de l'or en Guyane ne remonte qu'à une trentaine d'années, c'est-à-dire soit postérieure de plusieurs années à la découverte de ce même métal en Californie, on peut dire cependant que l'or a été plus anciennement connu dans l'Amérique centrale que dans l'Amérique du Nord.

Nous savons d'abord que la légende de l'*El Dorado* avait attiré dans l'intérieur des Guyanes de nombreuses expéditions, dont une seule, dit-on, envoyée de Trinidad par le capitaine Robert Dudley à la fin du XVIe siècle, aurait remonté la Mana et rapporté une assez grande quantité d'or en pépites.

Pendant plus de deux cent cinquante ans, il n'est plus question, dans l'histoire des Guyanes, ni d'exploitation ni de découverte aurifère. Cependant on a retrouvé dans le district venezuelien, depuis la découverte des gisements filoniens du Caratal, qui date seulement d'une vingtaine d'années, des traces certaines d'une grande exploitation probablement alluvionnaire qui doit remonter à plus de cent ans.

Or on sait que les Jésuites, qui ont puissamment contribué à la civilisation dans toute l'Amérique du Sud, ont occupé cette partie du Venezuela, car on voit encore dans quelques villages, aux environs de Guacipati, des constructions qui sont leur ouvrage. Il est donc probable qu'ils ont songé à tirer parti des gisements aurifères de ce district, comme ils l'ont fait dans le Brésil, dans l'Uruguay et le Paraguay, et que c'est à eux qu'il faut attribuer l'usage des creusets destinés à la fonte de l'or, trouvés entre le village d'Upata et l'Orénoque. Le déblai de quelques rivières porte aussi dans la même région des traces évidentes d'un remaniement de main d'homme, là où l'on peut encore constater la présence de petites quantités du précieux métal.

Cette exploitation du siècle dernier, qui n'a dû porter que sur les alluvions aurifères, et peut-être sur les chapeaux filoniens tels que la *terre rouge* du district du Caratal, a été sans doute arrêtée, momentanément du moins, lors de l'expulsion des Jésuites, ou même dès 1819, époque de la fondation de la première république de Colombie, divisée plus tard, en 1831, en trois républiques, l'Équateur, la Nouvelle-Grenade et le Venezuela. Quoi qu'il en soit, lorsque les premiers filons aurifères du Caratal furent découverts, on avait déjà repris depuis quelques années sur ce même district l'exploitation superficielle de la *terre rouge* ; d'autre part, en Guyane française, un Indien émigré du Brésil, du nom de Paoli, avait découvert en 1853 des paillettes d'or sur le bassin de l'Approuague, et l'exploitation alluvionnaire n'avait pas tardé à se développer sur les criques (affluents et sous-affluents) de presque tous les autres bassins.

Notons, en passant, que c'est à la Hollande que les autres nations ont emprunté le terme de kreek (*crique*, en anglais *creek*), généralement employé pour distinguer d'une petite anse simplement formée par la mer une sorte d'évasement où se termine un volume d'eau qui prend sa source dans l'intérieur, et nous pensons que c'est à force de confondre la crique qui touche le port de Cayenne avec le cours d'eau qui l'a formée, que les Cayennais, et plus tard tous les Guyanais, ont donné le nom de *crique* aux cours d'eau de l'intérieur, affluents et sous-affluents des grandes rivières.

L'exploitation alluvionnaire est aujourd'hui très avancée en Guyane française, c'est-à-dire qu'après avoir donné un chiffre de production annuelle toujours croissant jusqu'à 1,800 kilogr. en 1875, elle a vu cette production décroître ; et, bien que le chiffre de 1,800 kilogr. ait été accidentellement dépassé, la moyenne des dix années suivantes est restée sensiblement inférieure. Les Hollandais exploitent aussi les alluvions depuis une dizaine d'années, et sont arrivés à produire 900 kilog. d'or en 1884, notamment dans le haut du Rio Surinam (*Sara kreek*) et sur la rivière Saramacca.

Mais c'est seulement dans ces derniers temps que le Gouvernement anglais a accordé des concessions et autorisé l'exploitation aurifère entre le Cuyuni et le Mazaruni, où l'on prospecte depuis six à sept ans à peine. A cette circonstance s'ajoutent, sur les colonies anglaise et hollandaise en général, une administration meilleure, et en particulier beaucoup plus de modération dans l'application des décrets qui ont définitivement émancipé toute la race noire (1833 pour les colonies anglaises, 1848 pour les colonies françaises) ; et c'est ainsi qu'on peut se rendre compte de la décadence de l'industrie agricole en Guyane française, alors que cette même industrie n'a pas cessé de prospérer dans les colonies voisines.

Aussitôt émancipés, les noirs de notre colonie refusèrent en effet de travailler, et il fut impossible de les remplacer dans les habitations agricoles ; depuis cette époque, d'ailleurs, aucune immigration importante n'a été faite à Cayenne en vue de l'agriculture, et le gouvernement colonial refuse encore de s'engager à consacrer pendant quatre ou cinq ans à ce travail les coolies indiens que le gouvernement anglais céderait à cette condition. Le noir créole est longtemps resté à peu près le seul ouvrier employé dans les mines d'or ; et comme aujourd'hui la race noire jouit des droits civils et a une forte majorité dans les élections, ses élus dans les conseils coloniaux font tout le possible pour éviter à l'ouvrier noir la concurrence étrangère.

Cependant quelques particuliers ont déjà commencé d'appeler en Guyane française des ouvriers pour le travail des mines, sans faire appel aux colonies anglaises de l'Orient : ce sont presque tous des Antillais et notamment des Dominicains. Nous devons espérer que ce mouvement continuera et sera plus que suffisant pour l'exploitation filonienne, qui tend à se substituer entièrement à l'exploitation alluvionnaire, et qui ne demande, à production égale, qu'un chiffre d'ouvriers beaucoup moindre. Nous comptons aussi, mais malheureusement dans un avenir encore éloigné, sur l'immigration chinoise, qui ne manquera pas de se produire dans toute l'Amérique centrale aussitôt qu'aura été ouvert le canal de Panama.

Cette question de la main-d'œuvre, si importante dans toute industrie, n'est pas encore celle qui soulève le plus de difficultés dans le cas particulier qui nous occupe. La question des transports est en effet beaucoup plus capitale, et, pour faire bien comprendre le rôle qu'elle peut jouer dans le développement des colonies guyanaises, nous sommes obligé d'entrer dans quelques détails sur les principaux caractères des exploitations alluvionnaire et filonienne proprement dites. Nous commencerons par la plus ancienne, l'exploitation alluvionnaire.

Exploitation de la couche alluvionnaire.—Cette couche s'étend sur de grandes zones dites aurifères à l'intérieur des Guyanes ; et là on l'observe dans toutes les vallées de criques et dans beaucoup de ravines avec une allure régulière, mais par contre avec une grande irrégularité de richesse. Elle a de $0^{m},30$ à 1 mèt. d'épaisseur, et est recouverte par une couche de sable ou de terre végétale dont la hauteur varie en général de $0^{m},50$ à 2 mèt. ; enfin elle est composée de graviers de quartz et de roches diverses, mélangés à la partie inférieure de quelques gros blocs, et de sable à la partie supérieure.

La *prospection*, ou recherche des parties riches exploitables, consiste à pratiquer de distance en distance, à la pioche et à la pelle, quelques tranchées jusqu'au niveau du gravier, et à essayer ce dernier jusqu'à l'argile sur laquelle repose la couche ; on se sert, pour l'essai, de la batée, sorte de récipient conique évasé, en bois ou en tôle, dans lequel on lave jusqu'à 10 kilogr. de gravier et sable. Les premiers exploitants n'ont traité que des couches qui payaient au moins de 0 fr. 50 à 1 fr. à la batée ; mais en opérant aujourd'hui sur un plus grand nombre de chantiers, on se contente d'un bénéfice moindre et on exploite certaines couches qui ne payent en moyenne que de 0 fr. 10 à 0 fr. 20 à la batée, souvent aussi les résidus des premières exploitations.

L'exploitation d'un chantier ne demande guère plus de bras, dans les criques ordinaires, qu'une bonne prospection, soit de six à douze ouvriers, et tout le matériel nécessaire se réduit à des clous, des crochets en fer, des plaques trouées et des rifles en fonte, qui servent, avec le bois du pays débité à la scie, à construire et installer le *sluice* ou canal de lavage. Ce canal est formé de plusieurs dalles de 4 mèt. de long emboîtées l'une dans l'autre bout à bout, et suspendu à des piquets, de manière à présenter une inclinaison qui permette au courant d'eau d'entraîner seulement le sable et les parties terreuses ; l'or s'amalgame avec le mercure répandu sur le canal.

On charge le gravier à la pelle sur les premières dalles du canal, et des femmes débourbent à la main les mottes d'argile et les gros cailloux. Il est à peine utile d'ajouter que cette exploitation, comme tout travail dans la forêt vierge, comporte, outre l'outillage ci-dessus mentionné, les outils de charpente et de menuiserie qui servent également pour la construction des maisons d'habitation.

Dans les ravines ou dans les criques qui ont peu d'eau, on emploie un autre appareil plus simple, le *longtom*. Dans cet appareil, le débourbage est fait à la pelle par un homme, au-dessus d'une grille qui arrête tous les cailloux, et le lavage, s'effectuant beaucoup moins vite, n'exige plus qu'une très petite longueur de canal. L'un et l'autre appareil sont déplacés dans la crique au fur et à mesure de l'exploitation, qui est toujours préparée par l'enlèvement de la couche stérile supérieure.

On a souvent prétendu qu'il y aurait avantage à employer des appareils plus perfectionnés, par exemple de grands canaux de 100 mèt. de longueur, établis à poste fixe, sur lesquels on amènerait le minerai de toute la crique par rails ou par câbles suspendus. Mais l'irrégularité de la richesse alluvionnaire et la difficulté de créer dans la forêt vierge des voies et moyens de transport économiques s'opposent à l'adoption de pareils procédés, qui augmenterait certainement le prix de revient.

En somme, le matériel d'exploitation alluvionnaire se réduit à un simple outillage, qui peut passer dans la forêt vierge partout où passent les approvisionnements de bouche, c'est-à-dire qui peut être porté d'abord en canot sur les cours d'eau, puis à dos d'homme par fraction de 25 kilogr. depuis le *dégrad* ou débarcadère jusqu'au centre d'exploitation. C'est pour cela que cette exploitation a pu se développer dans les Guyanes française et hollandaise sans qu'on songeât à se servir d'autres voies de communication que les rivières, ni d'autres moyens de transport que les canots, sur lesquels on peut charger de six à dix barils de 100 kilogr. Mais remarquons, pour terminer, que la découverte de riches alluvions assure bien rarement pour plus de cinq à six années de travail, et le plus souvent pour moins de trois ans, même avec un nombre de chantiers très limité.

La découverte de l'or en Guyane avait suivi de près celle des puissantes alluvions aurifères de Californie, et l'insuccès des recherches de filons riches dans ce dernier district dut contribuer à faire admettre pendant les premières années cette opinion, que les alluvions guyanaises provenaient de cheminées filoniennes très éloignées et situées au moins sur les sommets de la chaîne de Tumuc-Humac. Cependant, lorsque les filons du district plus voisin de la Guyane venezuelienne commencèrent à être exploités en profondeur, on se demanda si les gisements de la Guyane française ne devaient pas avoir plus d'analogie avec ceux du Venezuela qu'avec ceux de la Californie.

Un examen sérieux de la couche alluvionnaire guyanaise comparée avec la puissante couche californienne aurait certainement pu résoudre la question ; mais les propriétaires de placers, qui trouvaient encore le moyen d'obtenir de fortes productions par l'alluvion, se contentèrent longtemps de l'espérance vague qu'on trouverait plus tard sur leur terrain des filons riches.

Lorsque, au contraire, la production alluvionnaire eut commencé à baisser, on s'inquiéta un peu plus de l'avenir réservé aux gisements filoniens. Malheureusement les premières études furent mal dirigées, ou quelquefois confiées à de prétendus ingénieurs qui n'avaient pas les connaissances nécessaires. L'un de ces derniers notamment fit venir à grands frais, pour le compte d'une Compagnie qui avait acheté un placer de la rive droite du Maroni, un matériel complet de broyage et lavage, destiné à traiter des quartz stériles qui n'avaient pas seulement été essayés au préalable. Le matériel fut abandonné, et l'affaire n'a pas encore été reprise depuis près de six ans, bien que, d'après certains indices et quelques essais, ce placer nous paraisse contenir des filons riches en profondeur.

Signalons aussi, dans ces dernières années, plusieurs tentatives infructueuses, pour traiter au moyen d'extracteurs et de laveurs flottants les sables des cours actuels des grandes rivières. L'irrégularité de richesse des alluvions de criques s'étend aux sables de ces grands cours d'eau, et il est évident *à priori* qu'on ne pourrait trouver là en grandes masses que de l'or fin entraîné des parties supérieures des cours d'eau ou de leurs affluents. Or ces mêmes fleuves ont aussi un caractère torrentiel qui a dû faciliter l'entraînement de cet or fin jusqu'à la mer. Les quelques bancs de gravier riche qu'on pourrait exploiter ne peuvent donc avoir, comme nous l'avons vérifié sur un grand affluent de la Mana, qu'un caractère local, et sont trop peu étendus pour motiver l'installation et le déplacement d'un matériel non moins encombrant que coûteux.

C'est en 1883 seulement que nous avons entrepris les premières recherches filoniennes sérieuses sur le placer « Élysée» (*Compagnie générale de la Mana*), à 150 kilom. environ du bourg de Mana, sur l'affluent du Lézard, convaincu d'ailleurs, d'après nos études antérieures sur la couche alluvionnaire, de la présence des filons à proximité des alluvions ; et ces recherches nous ont conduit en quelques mois à la première découverte des filons riches de la Guyane. C'est alors que s'est posée la question du transport dans l'intérieur d'un gros matériel : le Lézard en effet n'est pas navigable à la sécheresse, et justement notre découverte a été suivie de deux hivers exceptionnels, pendant lesquels, faute d'eau, le matériel n'a pu arriver jusqu'au placer. Le même phénomène de sécheresse prolongée peut se représenter, et il importe par conséquent à l'avenir des exploitations filoniennes que les Guyanes possèdent des voies de communications praticables en toute saison.

La Compagnie générale de la Mana, à qui revient réellement l'honneur de la première entreprise filonienne en Guyane, touche à peine au but, c'est-à-dire qu'après quatre années de recherches, de tâtonnements et d'installations, pendant lesquelles, il est vrai, elle n'a pas toujours été bien dirigée, elle va pouvoir enfin obtenir une production normale par l'exploitation des filons dont la richesse nous inspire la même confiance qu'au début. Cet exemple profitera certainement aux autres exploitants de la Guyane française ainsi qu'aux exploitants des colonies voisines ; et nous avons tout lieu de croire que celles-ci possèdent également, à côté de leurs alluvions, des gisements filoniens riches : dès la fin de 1886, on annonçait en Guyane hollandaise une découverte filonienne, et les recherches continuent sur *Sara kreek.* Ajoutons que les exploitants de ces colonies voisines seront placés dans de bien meilleures conditions que la presque totalité des exploitants français, qui devront, en général, entreprendre les recherches filoniennes sur des placers où l'alluvion est déjà épuisée, tandis que les Hollandais et surtout les Anglais pourront employer à ces recherches, toujours très aléatoires, les bénéfices encore importants de leurs exploitations alluvionnaires.

Cette même école faite par la Compagnie générale de la Mana semble déjà produire ses fruits, car nous voyons la Guyane anglaise, au début même de son industrie aurifère, se préoccuper vivement de desservir le Rio *Puruni* par une voie ferrée, ou tout au moins par une grande route qui, en favorisant et le travail alluvionnaire et le travail filonien de l'or, ne contribuera pas moins au développement sur les terres hautes de l'exploitation agricole ; on annonçait même tout récemment que le Gouvernement était entré en pourparlers avec une maison de *Bartika* bien connue, MM. *Forbes and C°*, pour établir dans l'intérieur un service postal.

Nous avons toujours pensé, à la vérité, qu'une Compagnie d'exploitation aurifère ne saurait, sans s'exposer à de graves mécomptes, procéder, pour son seul usage particulier, à la construction d'une voie ferrée de plus de 50 kilom. ; mais si plusieurs Compagnies ont leur siége d'exploitation dans le même bassin et peuvent être desservies par une voie commune, l'installation immédiate de cette voie ferrée s'impose. C'est pour cela que nous avons confiance dans le succès d'une entreprise dont nous avons déjà dit un mot : c'est une voie ferrée qui relierait le bourg de *Sparwine*, sur le Maroni, à tout le bassin aurifère de la Mana, où sont plusieurs placers dont la richesse filonienne est déjà assurée ou très probable. Le tracé de cette voie semble tout indiqué dans la vallée de la crique *Sparwine*, qui prend sa source à proximité des gisements filoniens du placer *Élysée*, et pas très loin des placers *Saint-Pierre*, *Avenir*, *Enfin*, etc...

A fortiori, le projet de voie du *Puruni* (Guyane anglaise) nous semble parfaitement justifié par cette double considération que toutes les exploitations aurifères déjà connues de cette colonie sont entre les deux branches d'un même affluent de l'Essequibo, et à une moindre distance de la mer que le bassin aurifère de la Mana, et qu'en outre, à l'avenir durable de l'exploitation filonienne, s'ajoute dans ce district la perspective d'une exploitation alluvionnaire à peine naissante.

Nous appellerons l'attention sur une autre conséquence de l'ouverture d'une voie de communication dans la vallée de l'*Essequibo*. Bien que l'exploitation aurifère semble aujourd'hui se ralentir dans le district du Caratal, qui est tout entier traversé par le Yuruari, sous-affluent de cette grande rivière, comme ce district peut encore donner lieu à de nouvelles découvertes filoniennes, on doit espérer que la route ou voie ferrée dont nous venons de parler sera prolongée, dans un avenir plus ou moins éloigné, jusqu'au Caratal. Ainsi serait résolue pour ce district une question importante, longtemps étudiée par des tracés aboutissant à l'Orénoque, mais dont la solution a toujours été retardée, sans doute parce que le Gouvernement venezuelien a, comme bien d'autres, la faiblesse de sacrifier les grands intérêts généraux, soit à des intérêts particuliers, soit à une politique de partis.

Les filons d'or que nous avons découverts en Guyane française présentent à leur affleurement les analogies les plus frappantes avec ceux de la Guyane venezuelienne. Cependant il est probable que le remplissage quartzo-aurifère de ces fissures, qui n'a encore été bien étudié que jusqu'à la profondeur de 30 mèt., et qui paraît soumis dans cette région aux influences perturbatrices de la surface, ne se régularisera en allure qu'à une profondeur notablement plus grande que celle où a commencé l'exploitation normale des filons du Caratal (20 à 30 mèt.). D'autre part, nous avons déjà dit que la situation du district aurifère de la Guyane anglaise, dans le même bassin que celui du Caratal, permet de supposer que ses filons auront encore avec les filons de ce dernier bien plus d'analogies que ceux de la Guyane française.

Nous pouvons donc appliquer aux districts des trois colonies guyanaises ce que nous allons dire en quelques mots de la recherche, de la préparation et de l'exploitation des gisements filoniens aurifères[1]. Si le cadre de cette étude ne nous permet pas d'entrer à ce sujet dans de grands développements, nous voulons du moins insister sur l'importance du matériel, dont le transport par les voies actuelles n'est presque pas possible, et bien faire comprendre par là comment cette nouvelle phase de l'industrie aurifère est appelée à laisser dans les Guyanes autre chose que le souvenir d'une grande richesse trop promptement réalisée.

Exploitation des gisements filoniens. — Nous divisons la recherche en deux parties : la première consiste en un examen superficiel de la contrée où l'on suppose que sont les gisements filoniens ; c'est surtout une recherche au marteau qui n'exige pas d'autre personnel que l'ingénieur chargé de l'étude et deux ou trois aides, pas d'autre outillage que le sabre d'abatage, la pioche, la pelle et les instruments d'essai des quartz aurifères, notamment la *poruña* ou batée des filons en corne de bœuf.

[1] Nous avons traité avec plus de détails ces diverses questions, et notamment la recherche filonienne, dans un ouvrage intitulé : *Les Filons d'or de la Guyane française : formation géologique — travaux de recherches — conséquences de l'exploitation filonienne.* Paris, 1886, chez Baudry et Ce, 15, rue des Saints-Pères.

Lorsque cette première étude donne de bons indices, on attaque la deuxième partie des recherches, qui comprend des travaux de surface, ou tranchées, destinés à suivre l'affleurement, et des travaux souterrains (galeries horizontales ou puits verticaux) destinés à recouper le filon en profondeur. Pour ces nouvelles recherches, l'outillage n'est guère plus compliqué, car les ouvrages sont exécutés presque uniquement dans la roche décomposée qui constitue le sous-sol guyanais jusqu'à plus de 40 mèt. de profondeur : sabres, haches, pics, pioches, pelles ; petites roues pour les brouettes, que l'on peut fabriquer sur les lieux ; enfin, si l'on a des puits à exécuter, barres de fer, manivelles et câbles pour l'installation des treuils. Il est bon aussi d'avoir de la dynamite et ses accessoires. Mais ce qui est le plus utile, c'est un personnel assez nombreux pour que les recherches puissent porter simultanément sur plusieurs points, notamment des mineurs et ouvriers spéciaux.

On peut ainsi être conduit à la découverte d'un filon riche en profondeur dans un délai d'environ six mois : dès lors on décide la mise en exploitation, et on commande un matériel d'autant plus considérable que les découvertes ont été plus importantes.

En même temps on continue les recherches et on prépare l'exploitation par le traçage des chantiers aux étages successifs. Cette période de reconnaissance et de préparation doit coïncider avec la période d'installation, de manière que, lorsque le matériel aura été transporté et que l'usine sera installée, soit environ un an après qu'on a conclu à l'exploitabilité, on puisse avoir extrait en réserve un stock de minerai suffisant pour un à deux mois de travail, avoir préparé au moins un étage d'exploitation, et avoir commencé le traçage de l'étage inférieur. On peut compter sur quinze à vingt étages de 20 mèt. chacun, et l'exploitation d'un étage suffira, en général, à une production annuelle moyenne, ce qui porte à quinze ou vingt ans la durée probable de l'exploitation d'un filon riche.

L'exploitation se fait comme celle des filons d'autres métaux, et avec le même outillage ; mais on n'emploie à l'abatage que la dynamite, le climat humide des Guyanes se prêtant peu à la conservation de la poudre. Quant au traitement des minerais, il se réduit à deux opérations de broyage, le concassage et le bocardage, plus deux ou trois opérations de lavage; le minerai bocardé est entraîné par un courant d'eau sur des tables de cuivre amalgamé, dans des barils où il est d'abord agité en présence du mercure, puis soumis au repos, enfin sur des *sluices* ou canaux, où achèvent de se déposer les parcelles métalliques échappées aux premiers appareils.

Les machines d'épuisement, d'aérage et d'extraction pour l'exploitation ; le concasseur, les bocards et les amalgamateurs pour l'usine ; enfin les machines motrices et la scie à vapeur : tels sont les appareils les plus lourds et les plus encombrants, que l'on peut, il est vrai, diviser en pièces pour la facilité du transport ; mais il faut toujours compter sur des poids de 1,500 kilogr. et des volumes de près de 3 mèt. cubes. Lorsque l'établissement n'est pas situé sur un cours d'eau navigable, et ce cas sera très fréquent, il faut par conséquent le relier au dégrad le plus voisin par une voie ferrée assez solide pour porter tout le matériel. Dans quelques cas, il pourra être plus avantageux de construire l'usine au dégrad, et de faire descendre les minerais de la mine à l'usine de traitement ; mais ce système ne doit, à notre avis, être adopté que pour de très petites exploitations.

Il nous reste à parler de la force motrice. A la vérité, quelques usines pourraient être établies sur des cours d'eau qui présentent des chutes importantes, et on pourrait songer à utiliser ces chutes, comme force motrice, au moyen de roues ou mieux de turbines. Mais, outre que ces derniers appareils ont un fonctionnement délicat, les cours d'eau sont toujours tellement torrentiels que la marche régulière des appareils serait par là fort compromise. Les machines à vapeur doivent être préférées en Guyane à bien plus forte raison que dans le Caratal, où elles sont seules employées.

La forêt vierge des Guyanes fournira longtemps et à bas prix le combustible nécessaire pour les moteurs à vapeur ; les bois durs, qui donnent le maximum de calorique, y sont les plus abondants. En outre, ainsi que nous l'avons déjà fait remarquer, ce déboisement progressif de l'intérieur des Guyanes aura des conséquences très importantes, dont les effets doivent se faire ressentir bien plus longtemps que ceux de l'exploitation proprement dite de la richesse minière : en premier lieu, il favorisera l'assainissement de toute la région, et c'est surtout en effet dans l'intérieur de la forêt que l'on éprouve les maladies résultant de la chaleur humide et des miasmes qui se dégagent des débris végétaux de toute sorte. Nous voulons parler des fièvres intermittentes, qui n'ont pas souvent, il est vrai, en Guyane, le caractère pernicieux, mais n'influent pas moins sur la santé générale ; l'anémie et les affections du foie y sont aussi très fréquentes. En second lieu, le terrain déboisé sera presque entièrement prêt à être défriché et mis en culture.

Les Compagnies minières elles-mêmes auront tout intérêt à récolter sur place une partie notable de la nourriture de leur personnel, et aussi à entretenir, au moyen de pâturages, tant le bétail destiné à l'alimentation (bœufs et moutons) que des bêtes de trait (ânes, chevaux et mulets) pouvant servir à leurs transports. La Compagnie de Saint-Élie, qui a eu à exploiter des alluvions très riches sur le Sinnamary, est déjà entrée dans cette voie. Mais le mouvement sera plus général, et nous insistons sur une conséquence économique de l'exploitation filonienne qui doit être, à notre avis, des plus favorables à la prospérité générale des Guyanes. Les voies de communication entre la mer et les terres hautes devenant de jour en jour plus nombreuses et les moyens de transport se perfectionnant de plus en plus, nous ne doutons pas que beaucoup de colons, voire même beaucoup d'ouvriers qui auront pu réaliser certaines économies dans les mines, ne se décident à entreprendre la culture pour leur propre compte, et arrivent à obtenir sur un sol aussi fertile, non seulement des produits de consommation intérieure, mais aussi des produits d'exportation.

CONCLUSION.

Nous avons passé en revue, dans cette étude, tout ce qui est utile pour la comparaison que nous nous sommes proposé de faire entre les trois Guyanes française, hollandaise et anglaise. Nous avons vu, par l'histoire générale des Guyanes, que la portion aujourd'hui française a longtemps été le principal objectif des nations qui avaient reconnu l'utilité de coloniser toute cette côte, autrefois appelée la *Côte sauvage*. Nous avons ensuite décrit la situation, le climat et la fertilité du sol, qui sont les mêmes dans les trois Guyanes; on peut cependant observer que notre colonie aurait l'avantage de présenter au bord de la mer quelques parties montagneuses. Nous avons enfin parlé longuement de la richesse aurifère, dont l'exploitation a pris naissance sur la partie française, et qui semble même *à priori* s'étendre sur une zone bien plus large que dans les deux autres parties.

Et pour conclure, nous sommes obligé de constater que la Guyane française est de beaucoup la moins prospère ; cette colonie se dépeuple et n'a aujourd'hui guère plus de 20,000 habitants, dont 8 à 9,000 pour le chef-lieu, tandis que la Guyane anglaise compte plus de 90,000 habitants, dont 60,000 environ à Georgetown; le chef-lieu de la Guyane hollandaise a aussi plus de 30,000 habitants.

Georgetown reçoit tous les mois deux courriers anglais, un courrier français, et est en communication constante avec Surinam; cette dernière ville, outre le courrier français et sa communication avec le courrier anglais, reçoit un courrier spécial d'Amsterdam. Cayenne n'a qu'un seul courrier français mensuel, et, deux ou trois fois par an, un bateau à vapeur ou à voile va chercher les lettres du courrier anglais.

Georgetown est depuis longtemps en communication télégraphique avec l'Europe, et Surinam est reliée par un fil aérien à Georgetown; la colonie française a eu pendant quelques années un câble télégraphique fonctionnant entre Cayenne et Georgetown; mais là-bas on a presque oublié l'existence de ce câble aujourd'hui rompu, et lorsqu'il s'est agi par deux fois de s'adresser à la métropole pour la création d'un nouveau câble cayennais, on s'est toujours buté à l'indifférence et même à l'opposition de l'Assemblée législative : la Guyane française n'est bonne tout au plus qu'à recevoir des récidivistes !

A la vérité, nous avons constaté que notre colonie a été fort mal administrée à ses débuts, et que l'incapacité ou l'incurie des chefs a fait échouer la plupart des expéditions de colonisation. Nous avons vu aussi que la première loi d'émancipation des esclaves noirs fut appliquée en 1794 dans de si mauvaises conditions que le premier Consul crut devoir la rapporter en 1802. Mais les années et les siècles se sont écoulés ; la plupart des nations civilisées semblent avoir tenu compte des expériences du passé, et, par la réforme de leurs institutions, avoir atteint un degré de prospérité inconnu jusqu'à ce jour. Nous-mêmes Français, nous avons le légitime orgueil d'avoir toujours été en quelque sorte à l'avant-garde du mouvement civilisateur. Et nous n'avons pas encore trouvé le moyen de tirer parti des richesses de toute sorte que renferme notre sol guyanais ! Bien plus, nous voulons encore coloniser ailleurs, comme si nos anciennes colonies avaient déjà un excédent de population.

Loin de profiter des leçons du passé, nous avons renouvelé en 1848 l'erreur de 1794, par l'application trop prompte de l'abolition définitive de l'esclavage. Et cependant les Anglais venaient de nous montrer la marche à suivre en préparant longtemps à l'avance, par de sages mesures d'immigration, l'émancipation qu'ils décrétaient en 1833 pour les esclaves de toutes leurs colonies. Faute d'avoir pris les mêmes mesures, qui n'auraient certes pas enlevé à la loi de l'abolition de l'esclavage son caractère moral et humanitaire, nous avons vu l'industrie agricole en Guyane perdre presque aussitôt toute son importance, alors qu'elle commençait à prospérer depuis une vingtaine d'années. Et la découverte de l'or, survenue quelques années après, en attirant les ouvriers sur les placers, n'a fait qu'accélérer ce mouvement rétrograde.

Depuis lors, la métropole a bien essayé de réagir contre cet abandon de l'exploitation agricole : pour cela, elle a commencé, en 1852, à diriger sur Cayenne les transportés, qui devaient être occupés, entre autres travaux, à tracer des routes dans l'intérieur, et d'une manière générale devaient, sinon cultiver eux-mêmes, du moins contribuer à favoriser l'agriculture en lui ouvrant des débouchés. Mais là encore l'insuccès a été complet : plus de 16,000 condamnés ont été envoyés en Guyane française ; depuis que la transportation de la métropole est dirigée sur Nouméa, on envoie encore en Guyane les condamnés de l'Algérie et de nos autres colonies, et c'est à peine si l'on a ouvert une trentaine de kilomètres de routes aux environs du chef-lieu. Les autres travaux, notamment la colonisation par les transportés libérés, ne sont pas plus avancés. Le même sort est réservé aux projets récents de colonisation par les récidivistes, dont un premier convoi vient d'être dirigé sur Cayenne ; et à un autre point de vue le séjour des récidivistes en Guyane nous semble appelé à jouer un rôle nuisible au développement de toute industrie dans cette colonie.

Les débouchés d'ailleurs n'auraient pas suffi : la main-d'œuvre était et est encore très rare. Les quelques envois de coolies indiens que la colonie a reçus étaient destinés aux mines d'or, et beaucoup de ces immigrants sont morts en arrivant sur les placers, par manque de vivres et aussi parce qu'ils n'étaient pas acclimatés : c'est qu'il conviendrait en effet de n'admettre au travail des mines dans la forêt vierge que les hommes ayant déjà travaillé un certain temps plus près de la mer à l'agriculture. L'industrie particulière occupait autrefois quelques transportés libérés, comme les mines en occupent encore à des travaux de manœuvres ; mais depuis que la Guyane ne reçoit presque que des Arabes ou des Annamites, on ne trouve plus dans la transportation d'ouvriers spéciaux.

Pourquoi ne songe-t-on pas à reprendre l'immigration en la modifiant ? Nous avons eu occasion de le dire, c'est en grande partie à cause du peu d'empressement que mettent les indigènes noirs, à qui est confiée la conduite des intérêts de la colonie, à introduire chez eux n'importe quelle catégorie d'immigrants, et cela pour éviter la baisse des salaires journaliers. Mais ce que l'État, ce que le gouvernement colonial sont impuissants à faire, pourquoi les particuliers ne le feraient-ils pas ?

Si l'administration pénitentiaire, qui est une véritable puissance dans la colonie, refuse de contribuer à la prospérité générale ; si le gouverneur lui-même, qui manque d'autorité, est impuissant à vaincre cette force d'inertie qui caractérise les créoles, et notamment ceux de race noire ; si enfin la routine semble être à perpétuité le seul mot d'ordre dans les bureaux d'administration, — et l'un des derniers Ministres de la Marine et des Colonies avouait même ne pouvoir rien changer à cet état de choses, — il ne reste plus qu'à compter sur l'initiative individuelle. Or c'est là qu'apparaît avec le plus d'évidence le rôle important que doit jouer l'industrie aurifère dans le relèvement général de notre colonie.

Pour la colonie anglaise, qui n'a pas cessé d'être exploitée au point de vue agricole, grâce à une meilleure administration et à l'immigration qu'elle a su appeler, tout en émancipant ses esclaves, l'exploitation de l'or ne produira qu'un accroissement de prospérité : nous voyons encore les Anglais, pour ne pas nuire aux travaux de l'agriculture, faire appel en ce moment même dans leur colonie à une immigration toute spéciale, celle des mineurs chinois de Californie, qui seront dirigés sur les placers. De cette manière, l'exploitation alluvionnaire, malgré le peu de durée qu'elle est appelée à avoir, et à plus forte raison l'exploitation filonienne, ne sauraient porter tort à l'industrie agricole.

En Guyane française, c'est surtout le caractère durable de l'exploitation aurifère dans sa nouvelle phase, c'est-à-dire de l'exploitation filonienne, qui nous inspire la plus grande confiance; ce caractère de durée en quelque sorte indéfinie se retrouve dans la nature même des concessions nouvelles pour les filons accordées à perpétuité par application de la loi de 1810 : le placer *Élysée* de la Compagnie générale de la Mana et le placer *A*

Dieu Vat de la Compagnie des mines d'or de Saint-Élie ont déjà été ainsi concédés. Ajoutons à cela le caractère des dépenses d'installation, qui sont beaucoup plus élevées que pour l'exploitation alluvionnaire. Et si enfin nous tenons compte de l'amélioration introduite par l'exploitation filonienne, tant au point de vue des transports qu'à celui de l'assainissement dans l'intérieur par le déboisement progressif de la forêt vierge, il est facile de comprendre que l'industrie agricole, après avoir été simplement une ressource pour les exploitants de mines, ne tardera pas à se propager dans toute la colonie, et deviendra, comme en Californie, un facteur très important de la prospérité coloniale.

Tous ces résultats peuvent être obtenus en quelques années, et l'initiative individuelle y aura presque uniquement contribué, car ce n'est pas à l'État, et encore moins à la colonie, qu'il conviendrait de demander les capitaux nécessaires pour entreprendre l'exploitation filonienne. Il faut pour cela faire appel d'abord au concours des capitalistes de la métropole, et, si ces derniers se refusent à tenter la fortune dans de si belles conditions, au concours des capitalistes anglais ou américains du Nord.

Ainsi la Guyane française, grâce aux filons aurifères riches qu'elle a la première mis en exploitation, pourra peu à peu reprendre son rang parmi les colonies guyanaises. Pendant que les Guyanes hollandaise et anglaise nous suivront dans la voie de l'industrie aurifère, notre colonie pourra, avec bien plus de raison, imiter ses voisines au point de vue agricole, et devenir comme elles une vraie colonie de production.

Nous terminerons notre étude par une considération d'ordre plus général. Lorsque la Guyane française sera devenue, comme nous l'espérons fermement, dans un avenir prochain, à la fois un centre d'exploitation aurifère et un pays de production agricole, ne pouvons-nous espérer pour elle un avenir plus brillant au point de vue international ?

Sa position à l'extrême sud-est de toute l'Amérique centrale, son voisinage avec deux de nos plus importantes colonies, la

Guadeloupe et la *Martinique*, qui sont presque les points les plus avancés vers l'est de tout le groupe des grandes et petites Antilles, semblent en effet appeler la Guyane française à jouer, de concert avec les deux îles que nous venons de nommer, un rôle commercial des plus importants, au moment où va s'ouvrir à la navigation une des plus grandes voies destinées à faire communiquer l'ancien et le nouveau Monde.

Le percement de l'isthme de Panama, entrepris sous les auspices de M. Ferdinand de Lesseps, qui a aussi ouvert la route navigable de Suez, est aujourd'hui, croyons-nous, assuré comme exécution : les difficultés colossales de cette entreprise ne sauraient tout au plus que retarder de quelques années la solution définitive, et entraîner une dépense plus considérable que celle prévue au début. Mais une fois la route ouverte, ce n'est pas seulement sur un grand mouvement commercial de navigation que nous devons compter ; nous entrevoyons aussi l'inauguration d'un mouvement considérable d'émigration du continent asiatique, dont la partie orientale est par trop peuplée. Ces masses intelligentes et actives de l'extrême Occident viendront aussitôt chercher un nouveau champ de travail en deçà du canal américain, et nous verrons, sinon se peupler entièrement, du moins se coloniser et prospérer au point de vue agricole, non seulement les grandes îles des Antilles, où la main-d'œuvre suffit à peine aux industries les plus lucratives, mais encore toute cette ancienne *Côte sauvage* de l'Amérique du Sud que nous venons d'étudier, et aussi les grands bassins du Rio Magdalena, de l'Orénoque et des Amazones.

C'est aux nations européennes occidentales, à la France en particulier, qu'il appartiendra de diriger ce mouvement ; elle le pourra d'autant plus facilement que ses colonies de l'Amérique centrale, notamment la Guyane, seront mieux préparées à mettre en valeur les éléments considérables de richesse de leur sol.

www.ingramcontent.com/pod-product-compliance
Lightning Source LLC
LaVergne TN
LVHW010048230826
846091LV00005B/1892
9782013660389